H. CLESS 1973

# LA COMTESSE
# DE CHARNY

PAR

**ALEXANDRE DUMAS.**

3

PARIS
ALEXANDRE CADOT, ÉDITEUR,
37, RUE SERPENTE.
1852

# LA COMTESSE DE CHARNY.

*EN VENTE :*

## OUVRAGES D'ALEXANDRE DUMAS.

| | |
|---|---|
| **La comtesse de Charny**, suite d'Ange Pitou et complément des Mémoires d'un Médecin | 8 vol. |
| **Ange Pitou** | 8 vol. |
| **Le Collier de la Reine** | 11 vol. |
| **Mémoires d'un Médecin** | 19 vol. |
| **Un Gil Blas en Californie** | 2 vol. |
| **Olympe de Clèves** | 9 vol. |
| **Mes Mémoires** | 14 vol. |
| **Conscience l'Innocent** | 5 vol. |
| **La Régence** | 2 vol. |
| **Louis Quinze** | 5 vol. |
| **Louis Seize** | 5 vol. |
| **Les Mille et Un Fantômes** | 2 vol. |
| **Les Mariages du Père Olifus** | 5 vol. |
| **La Femme au Collier de Velours** | 2 vol. |
| **Le Véloce** | 4 vol. |
| **La comtesse de Salisbury** | 6 vol. |
| **Les deux Diane** | 10 vol. |
| **Le Trou de l'Enfer** | 4 vol. |
| **Dieu Dispose** | 6 vol. |
| **Histoire d'une Colombe** | 2 vol. |
| **Le Bâtard de Mauléon** | 9 vol. |
| **Les Quarante-Cinq** | 10 vol. |
| **La Fille du Régent** | 4 vol. |
| **Le Chevalier de Maison-Rouge** | 6 vol. |
| **Les Drames de la Mer** | 2 vol. |

# UN CAPRICE DE GRANDE DAME
### PAR LE MARQUIS DE FOUDRAS.
*Nouvelle édition revue et augmentée.*

3 volumes in-18. — Prix : 10 francs 50.

Impr. de E. Dépée, à Sceaux.

# LA COMTESSE

# DE CHARNY

PAR

**ALEXANDRE DUMAS.**

3

PARIS
ALEXANDRE CADOT, ÉDITEUR,
37, RUE SERPENTE.
1852

# 1

#### Où le Roi s'occupe d'affaires de famille.

Le roi, resté seul, demeura debout et immobile un instant; puis, comme s'il eût craint que la retraite de la reine ne fût que simulée, il alla à la porte par où elle était sortie, l'ouvrit et plongea son regard dans les antichambres et les corridors.

N'apercevant que les gens de service :

— François ! fit-il à demi-voix :

Un valet de chambre qui s'était levé quand la porte de l'appartement royal s'était ouverte, et qui se tenait debout, attendant les ordres, s'approcha aussitôt, et, le roi étant rentré dans sa chambre, il y entra derrière lui.

— François, dit Louis XVI, connaissez-vous les appartements de monsieur de Charny ?

— Sire, répondit le valet de chambre, — lequel n'était autre que celui qui, appelé près du roi après le 10 août, a laissé des mémoires sur la fin de son règne,— Sire, monsieur de Charny n'a point d'appartements; il a seulement une mansarde dans les combles du pavillon de Flore.

— Et pourquoi une mansarde, à un officier de cette importance?

— On a voulu donner mieux à monsieur le comte, Sire; mais il a refusé, disant que cette mansarde lui suffirait.

— Bien, fit le roi. Vous savez où est cette mansarde?

— Oui, Sire.

— Eh bien! allez me quérir monsieur de Charny; je désire lui parler.

Le valet de chambre sortit, tirant la porte derrière lui, et monta à la mansarde de M. de Charny, qu'il trouva appuyé à la barre de sa fenêtre, les yeux fixés sur cet océan de toits qui se perd à l'horizon en flots de tuiles et d'ardoises.

Deux fois le valet frappa, sans que M. de Charny, plongé dans ses réflexions, l'entendît, ce qui le détermina, la clef étant à la porte, à entrer de lui-même, fort qu'il était de l'ordre du roi.

Au bruit qu'il fit en entrant, le comte se retourna.

— Ah! c'est vous, monsieur Hue, dit-il ; vous venez me chercher de la part de la reine?

— Non, monsieur le comte, répondit le

valet de chambre, mais de la part du roi.

— De la part du roi! reprit M. de Charny avec un certain étonnement.

— De la part du roi, insista le valet de chambre.

— C'est bien, monsieur Hue; dites à Sa Majesté que je suis à ses ordres.

Le valet de chambre se retira avec la raideur commandée par l'étiquette, tandis que M. de Charny, avec cette courtoisie qu'avait l'ancienne et vraie noblesse pour tout homme venant de la part du roi, portât-il au cou la chaîne d'argent, ou fût-il couvert de la livrée, le reconduisait jusqu'à la porte.

Quand il fut seul, M. de Charny resta un moment la tête serrée entre ses deux mains, comme pour forcer ses idées confuses et agitées à reprendre leur place ; puis, l'ordre rétabli dans son cerveau, il ceignit son épée, jetée sur un fauteuil, prit son chapeau sous son bras et descendit.

Il trouva dans sa chambre à coucher Louis XVI, qui, le dos tourné au tableau de Van-Dyck, venait de se faire servir à déjeuner.

Le roi leva la tête en apercevant M. de Charny.

— Ah! c'est vous, comte, dit-il ; fort bien... Voulez-vous déjeuner avec moi ?

— Sire, je suis obligé de refuser cet honneur, ayant déjeuné, fit le comte en s'inclinant.

— En ce cas, dit Louis XVI, comme je vous ai prié de passer chez moi pour parler d'affaires, et même d'affaires sérieuses, attendez un instant... Je n'aime point à parler d'affaires sérieuses quand je mange.

— Je suis aux ordres du roi, répondit Charny.

— Alors, au lieu de parler d'affaires, nous parlerons d'autre chose... de vous, par exemple.

— De moi, Sire? Et en quoi puis-je

mériter que le roi s'occupe de ma personne ?

— Quand j'ai demandé, tout à l'heure, où était votre appartement aux Tuileries, savez-vous ce que m'a répondu François, mon cher comte ?

— Non, Sire.

— Il m'a répondu que vous aviez refusé l'appartement qu'on vous offrait et n'aviez accepté qu'une mansarde.

— C'est vrai, Sire.

— Pourquoi cela, comte ?

— Mais, Sire, parce que, seul et n'ayant d'autre importance que celle que la faveur de Leurs Majestés veut bien me donner, je n'ai pas jugé utile de priver monsieur le gouverneur du palais d'un appartement, lorsqu'une simple mansarde était tout ce qu'il me fallait.

— Pardon, mon cher comte, vous répondez à votre point de vue et comme si vous étiez toujours simple officier et garçon... Mais vous avez, — et, au jour du danger vous ne l'oubliez pas, Dieu merci! — vous avez une charge importante près de nous... En outre, vous êtes marié... Que ferez-vous de la comtesse dans votre mansarde?

— Sire, répondit Charny avec un accent de mélancolie qui n'échappa point au roi, si peu accessible qu'il fût à ce sentiment, je ne crois pas que madame de Charny me fasse l'honneur de partager mon appartement, soit-il grand, soit-il petit.

— Mais, enfin, monsieur le comte, madame de Charny, sans avoir de charge près de la reine, est son amie ; la reine, vous le savez, ne peut se passer de madame de Charny, quoique, depuis quelque temps, j'aie cru remarquer qu'il existait entre elles un certain refroidissement... Quand madame de Charny viendra au palais, où logera-t-elle ?

— Sire, je ne pense pas que, sans un ordre exprès de Votre Majesté, madame de Charny revienne jamais au palais.

— Ah bah !

Charny s'inclina.

— Impossible! dit le roi.

— Que Sa Majesté me pardonne, fit Charny; mais je crois être sûr de ce que j'avance.

— Eh bien! cela m'étonne moins que vous ne pourriez le supposer, mon cher comte... Je viens de vous dire, il me semble, que je m'étais aperçu d'un refroidissement entre la reine et son amie...

— En effet, Sa Majesté a bien voulu le remarquer.

— Bouderies de femmes! Nous tâcherons de raccommoder tout cela... Mais, en attendant, il paraît que, bien sans le savoir, je me conduis d'une façon tyrannique envers vous, mon cher comte ?

— Comment cela, Sire ?

— Mais en vous forçant de demeurer aux Tuileries, quand la comtesse demeure... où cela, comte ?

— Rue Coq-Héron, Sire.

— Je demande, par l'habitude qu'ont les rois d'interroger et peut-être aussi un peu par le désir que j'ai de savoir l'adresse de la comtesse ; car, ne connaissant pas plus Paris que si j'étais un Russe de Moscou ou un Autrichien de Vienne, j'ignore si la rue Coq-Héron est proche ou éloignée des Tuileries.

— Elle est proche, Sire.

— Tant mieux! Cela m'explique que vous n'ayez qu'un pied à terre aux Tuileries.

— La chambre que j'ai aux Tuileries, Sire, répondit Charny avec ce même accent mélancolique que le roi avait déjà pu remarquer dans sa voix, n'est point un simple pied-à-terre; mais, tout au contraire, c'est un logement fixe où l'on me trouvera à quelque heure du jour ou de la nuit que Sa Majesté me fasse l'honneur de m'envoyer chercher.

— Oh! oh! dit en se renversant dans son fauteuil le roi, dont le déjeuner tirait à sa fin; que veut dire cela, monsieur le comte?

— Le roi m'excusera, mais je ne comprends pas très bien l'interrogation qu'il me fait l'honneur de m'adresser...

— Bah! vous ne savez pas que je suis un bon homme, n'est-ce pas? un père, un mari avant tout, et que je m'inquiète presque autant de l'intérieur de mon palais que de l'extérieur de mon royaume?... Que veut dire cela, mon cher comte? Après trois ans de mariage à peine, monsieur le comte de Charny a un logement *fixe* aux Tuileries, et madame la comtesse de Charny un logement *fixe* rue Coq-Héron!

— Sire, je ne saurais répondre à Votre Majesté autre chose que ceci : « Ma dame de Charny désire habiter seule. »

— Mais, enfin, vous l'allez voir tous les jours!... non?... deux fois par semaine?...

— Sire, je n'ai pas eu le plaisir de voir madame de Charny depuis le jour où le roi m'a ordonné d'aller prendre de ses nouvelles.

— Eh bien, mais il y a plus de huit jours de cela!

— Il y en a dix, Sire, répondit Charny d'une voix légèrement émue.

Le roi comprenait mieux la douleur que la mélancolie, et il saisit, dans l'accent du comte, cette nuance d'émotion qu'il avait laissé échapper.

— Comte, dit Louis XVI avec cette bonhomie qui allait si bien à l'*homme de ménage,* comme il s'appelait parfois lui-même, comte, il y a de votre faute là-dessous...

— De ma faute? dit Charny avec vivacité et en rougissant malgré lui.

— Oui, oui, de votre faute! insista le roi ; dans l'éloignement d'une femme, et surtout d'une femme aussi parfaite que la comtesse, il y a toujours un peu de la faute de l'homme.

— Sire!...

— Vous me direz que cela ne me regarde pas, mon cher comte ; et moi je vous répondrai : « Si fait, cela me regarde ; un roi peut bien des choses par sa parole... » Voyons, soyez franc, vous avez été ingrat envers cette pauvre mademoiselle de Taverney, qui vous aime tant ?

— Qui m'aime tant, Sire ?... Pardon, Votre Majesté n'a-t-elle pas dit, reprit Charny avec un léger sentiment d'amertume, que mademoiselle de Taverney m'aimait... beaucoup ?

— Mademoiselle de Taverney ou madame la comtesse de Charny, c'est tout un, je présume.

— Oui et non, Sire.

— Eh bien, j'ai dit que madame de Charny vous aimait, et je ne m'en dédis pas.

— Sire, vous savez qu'il n'est point permis de démentir un roi...

— Oh! démentez tant que vous voudrez, je m'y connais.

— Et Sa Majesté s'est aperçue, à certains signes visibles pour elle seule sans doute, que madame de Charny m'aimait... beaucoup?

— Je ne sais si les signes étaient visibles pour moi seul, mon cher comte; mais, ce que je sais, c'est que, dans cette terrible nuit du 6 octobre, du moment où elle a été réunie à nous, elle ne vous a pas perdu de vue un instant, et que ses yeux exprimaient toutes les angoisses de son cœur; à ce point que, lorsque la porte de l'Œil-de-Bœuf a été près d'être enfoncée, j'ai vu la pauvre femme faire un mouvement pour se jeter entre vous et le danger.

Le cœur de Charny se serra; il avait cru reconnaître chez la comtesse quelque chose de pareil à ce que venait de dire le roi ; mais chaque détail de sa dernière entrevue avec Andrée était trop présent à son esprit pour ne pas l'emporter sur cette vague affirmation de son cœur et sur cette précise affirmation du roi.

— Et j'y ai d'autant plus fait attention, continua Louis XVI, que déjà, lors de mon voyage à Paris, quand vous m'avez été envoyé par la reine à l'Hôtel-de-Ville, la reine m'a positivement dit que la comtesse avait failli mourir de douleur en votre absence, et de joie à votre retour.

— Sire, dit Charny en souriant avec tristesse, Dieu a permis que ceux qui sont nés au-dessus de nous aient reçu en naissant, et sans doute comme un des priviléges de leur race, ce regard qui va chercher au fond des cœurs des secrets ignorés des autres hommes... Le roi et la reine ont vu ainsi, cela doit être ; mais la faiblesse de ma vue, à moi, m'a fait voir autrement. Voilà pourquoi je prierai le roi de ne pas trop s'inquiéter de ce grand amour de madame de Charny pour moi; donc s'il veut m'employer à quelque mission dangereuse ou éloignée, l'absence ou le danger seront également bien venus, de ma part du moins.

— Cependant, lorsque, il y a huit jours, la reine a voulu vous envoyer à Turin, vous avez paru désirer rester à Paris.

— J'ai cru mon frère suffisant à cette mission, Sire, et je me suis réservé pour une plus difficile ou plus périlleuse.

— Eh bien, c'est justement, mon cher comte, parce que le moment est venu de vous confier une mission, aujourd'hui difficile et qui n'est pas sans danger peut-être pour l'avenir, que je vous parlais de l'isolement de la comtesse, et que j'eusse voulu la voir près d'une amie, puisque je lui enlève son mari.

— J'écrirai à la comtesse, Sire, pour lui faire part des bons sentiments de Votre Majesté.

— Comment, vous lui écrirez? Ne comptez-vous donc pas voir la comtesse avant votre départ?

— Je ne me suis présenté qu'une fois chez madame de Charny sans lui en demander la permission, Sire, et, d'après la façon dont elle m'a reçu, il ne faudrait maintenant, pour que je lui demandasse cette simple permission, rien de moins que l'ordre exprès de Votre Majesté.

— Allons, n'en parlons plus... Je causerai de tout cela avec la reine pendant votre absence, dit le roi en se levant de table.

Puis, toussant deux ou trois fois avec la satisfaction d'un homme qui vient de bien manger et qui est sûr de sa digestion :

— Ma foi! observa-t-il, les médecins ont bien raison de dire que toute affaire a deux faces, celles qu'elle présente boudeuse à un estomac vide, et rayonnante à un estomac plein... Passez dans mon cabinet, mon cher comte, je me sens en disposition de vous parler à cœur ouvert.

Le comte suivit Louis XVI, tout en songeant à ce que, parfois, doit faire perdre de majesté à une tête couronnée, ce côté matériel et vulgaire que la fière Marie-Antoinette ne pouvait s'empêcher de reprocher à son époux.

II

Où le Roi s'occupe d'affaires d'Etat.

Quoique le roi ne fût installé aux Tuileries que depuis quinze jours à peine, il y avait deux pièces de son appartement qui avaient été mises au grand complet, et où rien ne manquait du mobilier nécessaire.

Ces deux pièces, c'étaient sa forge et son cabinet.

Plus tard, et dans une occasion qui n'eut pas sur la destinée du malheureux prince une influence moindre que celle-ci, nous introduirons le lecteur dans la forge royale ; mais, pour le moment, c'est dans son cabinet que nous avons affaire. Entrons donc derrière Charny, qui se tient debout devant le bureau où le roi vient de s'asseoir.

Ce bureau est chargé de cartes, de livres de géographie, de journaux anglais, et de papiers parmi lesquels on distingue ceux de l'écriture de Louis XVI à la multiplicité des lignes qui les couvrent, et qui ne laissent de blanc ni en haut, ni en bas, ni sur la marge.

Le caractère se révèle dans le plus petit détail : le parcimonieux Louis XVI, non-seulement ne laissait pas perdre le moindre morceau de papier blanc, mais encore, sous sa main, ce papier se couvrait d'autant de lettres qu'il en pouvait matériellement contenir.

Charny, depuis trois ou quatre ans qu'il demeurait dans la familiarité des deux augustes époux, était trop habitué à tous ces détails pour faire les remarques que nous consignons ici ; c'est pourquoi, sans que son œil s'arrêtât particulièrement sur aucun objet, il attendit respectueusement que le roi lui adressât la parole.

Mais, arrivé où il en était, le roi, malgré la confidence annoncée d'avance, semblait éprouver un certain embarras à entrer en matière.

D'abord, et comme pour se donner du courage, il ouvrit un tiroir de son bureau, et, dans ce tiroir, un compartiment secret d'où il tira quelques papiers couverts d'enveloppes qu'il mit sur la table, et où il posa la main.

— Monsieur de Charny, dit-il enfin, j'ai remarqué une chose...

Il s'arrêta, regardant fixement Charny,

lequel attendit respectueusement qu'il plût au roi de continuer.

— C'est que, dans la nuit du 5 au 6 octobre, ayant à choisir entre la garde de la reine et la mienne, vous aviez placé votre frère près de la reine, et que vous étiez resté près de moi.

— Sire, dit Charny, je suis le chef de la famille, comme vous êtes le chef de l'État; j'avais donc le droit de mourir près de vous.

— Cela m'a fait penser, continua Louis XVI, que, si jamais j'avais à donner une mission secrète, difficile et dangereuse, je pouvais à la fois la confier à votre loyauté, comme Français, et à votre cœur, comme ami.

— Oh! Sire, s'écria Charny, si haut que le roi m'élève, je n'ai pas la prétention de croire qu'il puisse faire de moi autre chose qu'un sujet fidèle et reconnaissant.

— Monsieur de Charny, vous êtes un homme grave, quoique vous ayez trente-six ans à peine; vous n'avez point passé à travers tous les évènements qui viennent de se dérouler autour de nous, sans en avoir tiré une conclusion quelconque. Monsieur de Charny, que pensez-vous de ma situation, et, si vous étiez mon premier ministre, quels moyens me proposeriez-vous pour l'améliorer?

— Sire, dit Charny avec plus d'hésitation que d'embarras, je suis un soldat, un marin... Ces hautes questions sociales dépassent la portée de mon intelligence.

— Monsieur, dit le roi en tendant la main à Charny avec une dignité qui semblait jaillir de la situation même où il venait de se placer, vous êtes un homme, et un autre homme qui vous croit son ami vous demande purement et simplement, à vous cœur droit, esprit sain, sujet loyal, ce que vous feriez à sa place.

— Sire, dit Charny, dans une situation non moins grave que l'est celle-ci, la reine m'a fait un jour l'honneur, comme le fait le roi en ce moment, de me demander mon avis.... C'était le jour de la prise de la Bastille. Elle voulait pousser contre les cent mille Parisiens armés et roulant comme une hydre de fer et de feu sur les boulevards et dans les rues du faubourg Saint-Antoine, ses huit ou dix mille soldats étrangers. Si j'eusse été moins connu de la reine, si elle eût vu moins de dévouement et de respect dans mon cœur, ma réponse m'eût, sans aucun doute, brouillé avec elle... Hélas! Sire, ne puis-je pas craindre aujourd'hui qu'interrogé par le roi, ma réponse trop franche ne blesse le roi?

— Qu'avez-vous répondu à la reine, Monsieur?

— Que Votre Majesté, n'étant point

assez forte pour entrer à Paris en conquérant, devait y entrer en père.

— Eh bien, Monsieur, n'est-ce pas le conseil que j'ai suivi ?

— Si fait, Sire.

— Maintenant, reste à savoir si j'ai bien fait de le suivre ; car, cette fois-ci, dites-le vous-même, y suis-je entré en roi ou en prisonnier ?

— Sire, dit Charny, le roi me permet-il de lui parler en toute franchise ?

— Faites, Monsieur ; du moment où je vous demande votre avis, je vous demande en même temps votre opinion.

— Sire, j'ai désapprouvé le repas de Versailles; Sire, j'ai supplié la reine de ne point aller au théâtre en votre absence; Sire, j'ai été désespéré quand Sa Majesté a foulé aux pieds la cocarde de la nation, pour arborer la cocarde noire, la cocarde de l'Autriche...

— Croyez-vous, monsieur de Charny, dit le roi, que là ait été la véritable cause des évènements des 5 et 6 octobre ?

— Non, Sire ; mais là du moins a été le prétexte. Sire, vous n'êtes pas injuste pour le peuple, n'est-ce pas ? le peuple est bon, le peuple vous aime, le peuple est royaliste ; mais le peuple souffre, mais le peuple a froid, mais le peuple a faim ; il a au-dessus de lui, au-dessous de lui, à côté de lui de mauvais conseillers qui le jettent en avant ; il marche, il pousse, il renverse, car lui-même ne connaît pas sa force ; une fois lâché, répandu, roulant, c'est une inondation ou un incendie, il noie ou brûle !

— Eh bien, monsieur de Charny, supposez, — ce qui est bien naturel, — que je ne veuille être ni noyé ni brûlé ; que faut-il que je fasse ?

— Sire, il faut ne point donner prétexte à l'inondation de se répandre, à l'incendie de s'allumer... Mais, pardon ! dit Charny en s'arrêtant, j'oublie que, même sur un ordre du roi...

— Vous voulez dire sur une prière...

Continuez, monsieur de Charny, continuez; le roi vous prie.

— Eh bien, Sire, vous l'avez vu, ce peuple de Paris, si longtemps veuf de ses souverains, si affamé de les revoir; vous l'avez vu menaçant, incendiaire, assassin ! à Versailles... ou plutôt, vous avez cru le voir tel, car, à Versailles, ce n'était pas le peuple !... Vous l'avez vu, dis-je, aux Tuilleries, saluant, sous le double balcon du palais, vous, la reine, la famille royale, pénétrant dans vos appartements par le moyen de ses députations, — députations de dames de la Halle, députations de gardes civiques, députations de corps municipaux ; — et ceux qui n'avaient pas le bonheur d'être députés, ceux qui n'avaient pas l'honneur de pénétrer dans vos appartements, d'échanger des paroles avec vous, ceux-là vous les avez vus se presser aux fenêtres de votre salle à manger, à travers lesquelles les mères envoyaient — douces offrandes ! — aux illustres convives les baisers de leurs petits enfants ?...

— Oui, dit le roi, j'ai vu tout cela, et de là vient mon hésitation. Je me demande quel est le vrai peuple, de celui qui assassine et brûle ou de celui qui caresse et qui acclame.

— Oh! le dernier, Sire, le dernier! Fiez-vous à celui-là, et il vous défendra contre l'autre.

— Comte, vous me répétez, à deux heures de distance, exactement ce que me disait, ce matin, le docteur Gilbert.

— Eh bien, Sire, comment, ayant pris l'avis d'un homme aussi profond, aussi savant, aussi grave que le docteur, daignez-vous venir me demander le mien, à moi, pauvre officier?

— Je vais vous le dire, monsieur de Charny, répondit Louis XVI; c'est qu'il y a, je crois, une grande différence entre vous deux : vous êtes dévoué au roi, vous, et le docteur Gilbert n'est dévoué qu'à la royauté.

— Je ne comprends pas bien, Sire.

— J'entends que, pourvu que la

royauté, c'est-à-dire le principe, soit sauf, il abandonnerait volontiers le roi, c'est-à-dire l'homme.

— Alors, Votre Majesté dit vrai, reprit Charny ; il y a cette différence entre nous deux, que vous êtes en même temps pour moi le roi et la royauté ; c'est donc à ce titre que je vous prie de disposer de moi.

— Auparavant, je veux savoir de vous, monsieur de Charny, à qui vous vous adresseriez, dans ce moment de calme où nous sommes, entre deux orages peut-être, pour effacer les traces de l'orage passé et conjurer l'orage à venir.

— Si j'avais à la fois l'honneur et le

malheur d'être roi, Sire, je me rappellerais les cris qui ont entouré ma voiture à mon retour de Versailles, et je tendrais la main droite à M. de La Fayette, et la main gauche à M. de Mirabeau.

— Comte, s'écria vivement le roi, comment me dites-vous cela, connaissant la nullité de l'un et méprisant les mœurs de l'autre?

— Sire, il ne s'agit point ici de mes sympathies; il s'agit du salut du roi et de l'avenir de la royauté.

— Juste ce que m'a dit le docteur Gilbert, murmura le roi comme se parlant à lui-même.

— Sire, reprit Charny en s'inclinant

une seconde fois, je suis heureux de me rencontrer d'opinion avec un homme aussi éminent que le docteur Gilbert.

— Ainsi, vous croyez, mon cher comte, que, de l'union de ces deux hommes pourrait ressortir le calme de la nation et la sécurité du roi?

— Avec l'aide de Dieu, Sire, j'espérerais beaucoup de l'union de ces deux hommes.

— Mais enfin, si je me prêtais à cette union, si je consentais à ce pacte, et que, malgré mon désir, malgré le leur peut-être, la combinaison ministérielle qui doit les réunir échouât, que pensez-vous qu'il faudrait que je fisse?

— Je crois qu'ayant épuisé tous les

moyens mis entre ses mains par la Providence, je crois qu'ayant rempli tous les devoirs imposés par sa position, il serait temps que le roi songeât à sa sûreté et à celle de sa famille.

— Alors, vous me proposeriez de fuir?

— Je proposerais à Votre Majesté de se retirer, avec ceux de ses régiments et de ses gentilshommes sur lesquels elle pourrait compter, dans quelque place forte, comme Metz, Nancy ou Strasbourg.

La figure du roi rayonna.

— Ah! ah! dit-il, et parmi tous les généraux qui m'ont donné des preuves de dévouement, voyons, dites franchement,

Charny, vous qui les connaissez tous, auquel confieriez-vous cette dangereuse mission d'enlever ou de recevoir son roi?

— Oh! Sire, murmura Charny, c'est une grave responsabilité que celle de guider le roi dans un choix pareil... Sire, je reconnais mon ignorance, ma faiblesse, mon impuissance... Sire, je me récuse.

— Eh bien, je vais vous mettre à votre aise, monsieur, dit le roi. Ce choix est fait ; c'est près de cet homme que je veux vous envoyer. Voici la lettre tout écrite que vous aurez mission de lui remettre. Le nom que vous m'indiquerez n'aura donc aucune influence sur ma détermination; seulement, il me désignera un fidèle serviteur de plus, lequel, à son tour, aura sans doute occasion de montrer sa fidélité... Voyons, monsieur de Charny, si vous aviez à confier votre roi au courage, à l'intelligence d'un homme, quel homme choisiriez-vous?

— Sire, dit Charny, après avoir réfléchi un instant, ce n'est point, je le jure à **Votre Majesté**, parce que des liens d'amitié, je dirai presque de famille, m'attachent à lui, mais il y a dans l'armée un homme qui, comme gouverneur des Iles-sous-le-Vent, a, lors de la guerre d'Amérique, efficacement protégé nos possessions des Antilles, et même enlevé plusieurs îles aux Anglais ; qui, depuis, a été chargé de divers commandements importants, et qui, à cette heure, est, je je crois, général-gouverneur de la ville de Metz; cet homme, Sire, c'est le marquis de Bouillé. Père, je lui confierais mon fils; fils, je lui confierais mon père; sujet, je lui confierais mon roi!

Si peu démonstratif que fût Louis XVI, il suivait avec une évidente anxiété les paroles du comte, et l'on eût pu voir son visage s'éclaircir au fur et à mesure qu'il croyait reconnaître le personnage dont voulait lui parler Charny. Au nom de ce personnage prononcé par le comte, il ne put retenir un cri de joie.

— Tenez, tenez, comte, dit-il, lisez l'adresse de cette lettre, et voyez si ce n'est pas la Providence elle-même qui m'a inspiré l'idée de m'adresser à vous.

Charny prit la lettre des mains du roi, et lut cette suscription :

« *A Monsieur François-Claude-Amour,*
« *marquis de Bouillé, commandant la*
« *ville de Metz.* »

Des larmes de joie et d'orgueil montèrent jusqu'aux paupières de Charny.

— Sire ! s'écria-t-il, je ne saurais vous dire après cela qu'une seule chose, c'est que je suis prêt à mourir pour Votre Majesté.

— Et moi, Monsieur, je vous dirai qu'après ce qui vient de se passer, je ne me crois plus le droit d'avoir des secrets envers vous, attendu que, l'heure venue, c'est à vous, et à vous seul, entendez-vous bien? que je confierai ma personne, celle de la reine et celle de mes enfants. Ecoutez-moi donc, voici ce que l'on me propose et ce que je refuse.

Charny s'inclina, donnant toute son attention à ce qu'allait dire le roi.

— Ce n'est pas la première fois, vous le pensez bien, monsieur de Charny, que l'idée me vient, à moi ou à ceux qui m'entourent, d'exécuter un projet analogue à celui dont nous nous entretenons en ce moment. Pendant la nuit du 5 au 6 octobre, j'ai songé à faire évader la reine; une voiture l'eût conduite à Rambouillet, je l'y eusse jointe à cheval, et, de là, nous eussions facilement gagné la frontière, car la surveillance qui nous environne aujourd'hui n'était pas encore éveillée. Le projet échoua parce que la reine ne voulut point partir sans moi, et me fit jurer à mon tour de ne point partir sans elle.

— Sire, j'étais là lorsque ce pieux serment fut échangé entre le roi et la reine, ou plutôt entre l'épouse et l'époux.

— Depuis, M. de Breteuil a ouvert des négociations avec moi, par l'entremise du comte d'Inisdal, et, il y a huit jours, j'ai reçu une lettre de Soleure...

Le roi s'arrêta, et voyant que le comte restait immobile et muet :

— Vous ne répondez pas, comte! dit-il.

— Sire, fit Charny en s'inclinant, je sais que M. le baron de Breteuil est l'homme de l'Autriche, et je crains de blesser de légitimes sympathies du roi, à l'endroit de la reine, son épouse, et de l'empereur Joseph II, son beau-frère.

Le roi saisit la main de Charny, et se penchant vers lui :

— Ne craignez rien, comte, dit-il à demi-voix, je n'aime pas plus l'Autriche que vous ne l'aimez vous-même.

La main de Charny tressaillit de surprise entre les mains du roi.

—Comte, comte, continua Louis XVI, quand un homme de votre valeur va se dévouer, c'est-à-dire faire le sacrifice de sa vie pour un autre homme qui n'a sur lui que le triste avantage d'être roi, encore faut-il qu'il connaisse celui pour lequel il va se dévouer.. Comte, je vous l'ai dit, et je vous le répète, je n'aime pas l'Autriche ; je n'aime pas Marie-Thérèse, qui nous a engagés dans cette guerre de sept ans où nous avons perdu deux cent mille hommes, huit cents millions et dix-sept cents lieues de terrain en Amérique ; je n'aime pas cette impératricee qui appelait madame de Pompadour, une prostituée, sa cousine, et qui faisait empoisonner mon père, un saint, par M. de Choiseul ; qui se servait de ses filles comme d'agents diplomatiques ; qui, par l'archiduchesse Caroline, gouverne Naples ; qui, par l'archiduchesse Marie-Antoinette, compte gouverner la France.

— Sire, Sire, fit Charny, Votre Majesté oublie que je suis un étranger, un simple sujet du roi et de la *reine*...

Et Charny souligna par son accent le mot *reine,* comme nous venons de le souligner avec la plume.

— Je vous l'ai déjà dit, comte, reprit le roi, vous êtes un ami... et je puis vous parler d'autant plus franchement que le préjugé que j'avais contre la reine est, à cette heure, complètement effacé de mon esprit. Mais c'est malgré moi que j'ai reçu une femme de cette maison, deux fois ennemie de la maison de France, ennemie comme Autriche, ennemie comme Lorraine ; c'est malgré moi que j'ai vu venir à ma cour cet abbé de Vermond, précepteur de la Dauphine en apparence, espion de Marie-Thérèse en réalité, que je coudoyais deux ou trois fois par jour, tant il avait mission de se fourrer entre mes jambes, et à qui, pendant dix-neuf ans, je n'ai pas adressé une seule parole; c'est malgré moi qu'après dix années de lutte, j'ai chargé M. de Breteuil du département de ma maison et du gouvernement de Paris; c'est malgré moi que j'ai pris pour premier ministre l'archevêque de Toulouse, un athée; c'est malgré moi, enfin, que j'ai payé à l'Autriche les millions qu'elle voulait extorquer à la Hollande. Aujourd'hui encore, à l'heure où je vous parle, succédant à Marie-Thérèse morte, qui conseille et dirige la reine? son frère Joseph II, lequel heureusement se meurt; par qui la conseille-t-il? vous le savez comme moi, par l'organe de ce même abbé de Vermond, du baron de Breteuil et de l'ambassadeur d'Autriche, Mercy d'Argenteau ; derrière ce vieillard est caché un autre vieillard, Kaunitz, ministre septuagénaire de la centenaire Autriche. Ces deux vieux fats, ou plutôt ces deux vieilles douairières, mènent la reine de France par mademoiselle Bertin, sa marchande de modes, et par M. Léonard, son coiffeur, à qui ils font des pensions ;

et à quoi la mènent-ils? à l'alliance de l'Autriche! de l'Autriche, toujours funeste à la France, comme amie et comme ennemie, qui a mis un couteau aux mains de Jacques Clément, un poignard aux mains de Ravaillac, un canif aux mains de Damiens! L'Autriche! l'Autriche, catholique et dévote autrefois, qui abjure aujourd'hui et se fait à moitié philosophe sous Joseph II! L'Autriche imprudente, qui tourne contre elle sa propre épée, la Hongrie! L'Autriche imprévoyante, qui se laisse enlever par les prêtres belges la plus belle perle de sa couronne, les Pays-Bas! L'Autriche vassale, qui tourne le dos à l'Europe, que son regard ne devrait pas perdre de vue, en usant contre les Turcs, nos alliés, ses meilleures troupes au profit de la Russie!... Non, non, non, M. de Charny, je hais l'Autriche, et, haïssant l'Autriche, je ne pouvais me fier à elle.

— Sire, Sire, murmura Charny, de pareilles confidences sont bien honorables, mais, en même temps, bien dangereuses pour celui à qui on les fait... Sire, si un jour vous vous repentiez de me les avoir faites?

— Oh! je ne crains pas cela, Monsieur, et la preuve, c'est que j'achève.

— Sire, Votre Majesté m'a ordonné d'écouter, j'écoute.

— Cette ouverture de fuite n'est pas la

seule qui m'ait été faite... Connaissez-vous M. de Favras, comte ?

— Le marquis de Favras, l'ancien capitaine au régiment de Belzunce, l'ancien lieutenant aux gardes de Monsieur ? Oui, Sire.

— C'est cela même, reprit le roi en appuyant sur la dernière qualification, l'ancien *lieutenant aux gardes de Monsieur*. Qu'en pensez-vous ?

— Mais c'est un brave soldat, un loyal gentilhomme, Sire, ruiné par malheur, ce qui le rend inquiet et le pousse à une foule de tentatives hasardeuses, de projets insensés ; mais homme d'honneur, Sire, et qui mourra sans reculer d'un pas, sans jeter une plainte, afin de tenir la parole donnée... C'est un homme à qui Votre Majesté aurait raison de se fier pour un coup de main; mais qui, j'en ai peur, ne vaudrait rien comme chef d'entreprise.

— Aussi, reprit le roi avec une certaine amertume, le chef de l'entreprise, n'est-ce pas lui... c'est Monsieur... oui, c'est Monsieur qui fait l'argent, c'est Monsieur qui prépare tout, c'est Monsieur qui, se dévouant jusqu'au bout, reste quand je serai parti, si je pars avec Favras!

Charny fit un mouvement.

— Eh bien! qu'avez-vous, comte?

poursuivit le roi ; cela n'est point le parti de l'Autriche ; c'est le parti des princes, des émigrés, de la noblesse.

— Sire, excusez-moi... je vous l'ai dit, je ne doute pas de la loyauté ni du courage de M. de Favras ; dans quelque lieu que M. de Favras promette de conduire Votre Majesté, il la conduira, ou se fera tuer, en la défendant, en travers du chemin... Mais pourquoi Monsieur ne part-il pas avec Votre Majesté? pourquoi Monsieur reste-t-il?

— Par dévouement, je vous l'ai dit... et puis aussi peut-être, dans le cas où le besoin de déposer le roi et de nommer un régent se ferait sentir, pour que le peuple, fatigué d'avoir couru inutilement après le roi, n'ait pas à chercher le régent trop loin.

— Sire, s'écria Charny, Votre Majesté me dit là de terribles choses !

— Je vous dis ce que tout le monde sait, mon cher comte, ce que votre frère m'a écrit hier... C'est-à-dire, que dans le dernier conseil des princes, à Turin, il a été question de me déposer et de nommer un régent ; c'est-à-dire que, dans ce même conseil, M. de Condé, mon cousin, a proposé de marcher sur Lyon, quelque chose qui pût en arriver au roi ! Vous voyez donc bien qu'à moins d'extrémités, je ne puis pas plus accepter Favras que Breteuil, l'Autriche que les princes. Voilà, mon cher comte, ce que je n'ai dit à personne que vous, et ce que je vous dis, à vous, afin que personne, *pas même la reine,* soit par hasard, soit à dessein, Louis XVI appuya sur les mots que nous soulignons, afin que personne, *pas même la reine,* ne vous ayant montré une confiance pareille à celle que je vous montre, vous ne soyez dévoué à personne comme à moi.

— Sire, demanda Charny en s'inclinant, le secret de mon voyage doit-il être gardé devant tout le monde ?

— Peu importe, mon cher comte, que l'on sache que vous partez, si l'on ignore dans quel but vous partez.

— Et le but doit être révélé à M. de Bouillé seul.

— A M. de Bouillé seul! et encore lorsque vous vous serez bien assuré de ses sentiments. La lettre que je vous remets pour lui est une simple lettre d'introduction. Vous savez ma position, mes craintes, mes espérances, mieux que la reine ma femme, mieux que M. Necker mon ministre, mieux que M. Gilbert mon conseiller, agissez en conséquence... je mets le fil et les ciseaux entre vos mains, déroulez ou coupez.

Puis, présentant au comte la lettre tout ouverte :

— Lisez, dit-il.

Charny prit la lettre, et lut :

« Palais des Tuileries, ce 19 octobre.

« J'espère, monsieur, que vous continuez à être content de votre position de gouverneur de Metz. M. le comte de Charny, lieutenant de mes gardes, qui passe par cette ville, vous demandera s'il est dans vos désirs que je fasse autre chose pour vous. Je saisirais, en ce cas, l'occasion de vous être agréable, comme je saisis celle de vous renouveler l'assurance de tous les sentiments d'estime que je vous ai voués.

« Louis. »

— Et, maintenant, dit le roi, allez, monsieur de Charny ; vous avez plein pouvoir pour les promesses à faire à M. de Bouillé, si vous croyez qu'il soit besoin de lui faire des promesses ; seulement, ne m'engagez que dans la mesure de ce que je puis tenir.

Et il lui tendit une seconde fois la main.

Charny baisa cette main avec une émotion qui le dispensa de nouvelles protestations, et il sortit du cabinet, laissant le roi convaincu, — et cela était, en effet, — qu'il venait, par cette confiance, de s'acquérir le cœur du comte mieux qu'il n'eût pu faire par toutes les richesses et toutes les faveurs dont il avait disposé aux jours de sa puissance.

III

Chez la Reine.

Charny sortait de chez le roi plein des sentiments les plus opposés.

Mais le premier de ces sentiments, celui qui montait à la surface de ces flots de pensées roulant tumultueusement dans son cerveau, c'était la reconnaissance profonde qu'il ressentait pour cette confiance sans bornes que le roi venait de lui témoigner.

Cette confiance, en effet, lui imposait des devoirs d'autant plus sacrés que sa conscience était loin d'être muette au souvenir des torts qu'il avait envers ce digne roi, qui, au moment du danger, posait sa main sur son épaule, comme sur un fidèle et loyal appui.

Aussi, plus Charny, au fond du cœur, se reconnaissait de torts envers son maître, plus il était prêt à se dévouer pour lui.

Et plus ce sentiment de respectueux dévouement croissait dans le cœur de Charny, plus décroissait ce sentiment moins pur que, pendant des jours, des mois, des années, il avait voué à la reine.

C'est pourquoi Charny, retenu une première fois par un vague espoir né au milieu des dangers, comme ces fleurs qui éclosent sur les précipices et qui parfument les abîmes, espoir qui l'avait instinctivement ramené près d'Andrée; Charny, cet espoir perdu, venait de saisir avec empressement une mission qui l'éloignait de la cour, où il éprouvait ce double tourment d'être encore aimé de la femme qu'il n'aimait plus, et de n'être pas encore aimé, — il le croyait du moins, — de la femme qu'il aimait déjà.

Profitant donc de la froideur qui depuis quelques jours s'était introduite dans ses relations avec la reine, il rentrait dans sa chambre, décidé à lui annoncer son départ par une simple lettre, lorsqu'à sa porte il trouva Weber qui l'attendait.

La reine voulait lui parler, et désirait le voir à l'instant même.

Il n'y avait pas moyen de se soustraire à ce désir de la reine; les désirs des têtes couronnées sont des commandements.

Charny donna quelques ordres à son valet de chambre pour qu'on mît les chevaux à sa voiture, et descendit sur les pas du frère de lait de la reine.

La reine était dans une disposition d'esprit tout opposée à celle de Charny. Elle s'était rappelé sa dureté envers le comte, et, au souvenir de ce dévouement qu'il avait montré à Versailles, à la vue, — car cette vue lui était toujours présente, — à la vue du frère de Charny, étendu sanglant en travers du corridor qui précédait sa chambre, elle sentait quelque chose comme un remords, et elle s'avouait à elle-même qu'en supposant que M. de Charny ne lui eût montré que du dévouement, elle avait bien mal récompensé ce dévouement.

Mais aussi n'avait-elle pas le droit de demander à Charny autre chose que du dévouement ?

Cependant, en y réfléchissant, Charny avait-il envers elle tous les torts qu'elle lui supposait?

Ne fallait-il pas mettre sur le compte du deuil fraternel cette espèce d'indifférence qu'il avait laissé voir à son retour de Versailles? d'ailleurs cette indifférence, n'était-elle pas toute à la surface, et ne s'était-elle pas trop pressée de condamner Charny lorsqu'elle lui avait fait offrir la mission de Turin, pour l'éloigner d'Andrée, et qu'il avait refusé. Sa première pensée,—pensée jalouse et mauvaise,—avait été que ce refus était causé par le naissant amour du comte pour Andrée, et par son désir de rester près de sa femme; et, en effet, celle-ci,

partant des Tuileries à cinq heures, avait
été suivie, deux heures après, par son
mari jusque dans sa retraite de la rue
Coq-Héron ; mais l'absence de Charny
n'avait pas été longue : à neuf heures
sonnant, il était rentré au château ; puis,
une fois rentré au château, il avait refusé l'appartement composé de trois
chambres que, par ordre du roi, on lui
avait préparé, et s'était contenté de la
mansarde désignée pour son domestique.

D'abord, toute cette combinaison avait
paru à la pauvre reine une combinaison
dans laquelle son amour-propre et son
amour avaient tout à souffrir ; mais l'investigation la plus sévère n'avait pu sur-

prendre Charny hors du palais, excepté pour les affaires de son service, et il était bien constaté, aux yeux de la reine, comme aux yeux des autres commensaux du palais, que, depuis son retour à Paris et son entrée au château, Charny avait à peine quitté sa chambre.

Il était bien constaté aussi, d'un autre côté, que, depuis sa sortie du château, Andrée n'y avait pas reparu.

Si Andrée et Charny s'étaient vus, c'était donc une heure seulement, le jour où le comte avait refusé la mission de Turin.

Il est vrai que, pendant toute cette période, Charny n'avait pas cherché non plus à voir la reine; mais, au lieu de reconnaître dans cette abstention une marque d'indifférence, un regard clairvoyant n'y trouverait-il pas, au contraire, une preuve d'amour?

Charny, blessé par les injustes soupçons de la reine, n'avait-il pas pu se tenir à l'écart, non point par un excès de froideur, mais bien plutôt par un excès d'amour?

Car la reine convenait elle-même qu'elle avait été injuste et dure pour Charny : injuste, en lui reprochant d'être, pendant cette nuit du 5 au 6 octobre, resté près du roi, au lieu d'être resté près de la reine, et, entre deux regards pour elle, d'avoir eu un regard pour Andrée;

dure, en ne participant pas d'un cœur plus tendre à cette profonde douleur qu'avait éprouvé Charny à la vue de son frère mort.

Il en est ainsi, au reste, de tout amour profond et réel. Présent, celui qui en est l'objet apparaît, aux yeux de celui ou de celle qui croit avoir à s'en plaindre, avec toutes les aspérités de la présence; à cette courte distance qu'il est de nous, tous les reproches qu'on croit avoir à lui faire semblent fondés : défauts de caractère, bizarreries d'esprit, oublis de cœur, tout apparaît comme à travers un verre grossissant; on ne comprend pas qu'on ait été si longtemps sans voir toutes ces défectuosités amoureuses et que si longtemps on les ait supportées. Mais l'objet de cette fatale investigation s'éloigne-t-il, de sa propre volonté ou par force, à peine éloigné, ces aspérités, qui, de près, blessaient comme des épines, disparaissent, ces contours trop arrêtés s'effacent, ce réalisme trop rugueux tombe sous le souffle poétique de la distance et au regard caressant du souvenir. On ne juge plus, on compare ; on revient sur soi-même avec une rigueur mesurée à l'indulgence qu'on ressent pour cet autre que l'on reconnaît avoir mal apprécié, et le résultat de tout ce travail du cœur, c'est qu'après cette absence de huit ou dix jours, la personne absente nous semble plus chère et plus nécessaire que jamais.

Il est bien entendu que nous supposons le cas où aucun autre amour ne profite de cette absence pour venir prendre dans le cœur la place du premier.

Telles étaient donc les dispositions de la reine à l'égard de Charny lorsque la porte s'ouvrit et que le comte, qui sortait, comme nous l'avons vu, du cabinet du roi, parut dans l'irréprochable tenue d'un officier de service.

Mais il y avait en même temps dans son maintien, toujours si profondément respectueux, quelque chose de glacé qui sembla repousser ces effluves magnétiques prêtes à s'élancer du cœur de la reine, pour aller chercher, dans le cœur de Charny, tous les souvenirs doux, tendres ou douloureux qui s'y étaient entassés depuis quatre ans, au fur et à mesure que le temps, lent ou rapide tour à tour, avait fait du présent le passé et de l'avenir le présent.

Charny s'inclina et demeura presque sur le seuil.

La reine regarda autour d'elle, comme pour se demander quelle cause retenait ainsi le jeune homme à l'autre bout de l'appartement, et, s'étant assurée que la volonté de Charny était la seule cause de son éloignement :

— Approchez, monsieur de Charny, dit-elle ; nous sommes seuls.

Charny s'approcha ; puis, d'une voix

douce, mais en même temps si ferme, qu'il était impossible d'y reconnaître la moindre émotion :

— Me voici aux ordres de Votre Majesté, Madame, dit-il.

— Comte, reprit la reine avec sa voix la plus affectueuse, n'avez-vous point entendu que je vous ai dit que nous étions seuls ?

— Si fait, Madame, dit Charny; mais je ne vois pas en quoi cette solitude peut changer la façon dont un sujet doit parler à sa souveraine.

— Lorsque je vous ai envoyé chercher, comte, et que j'ai su par Weber que vous le suiviez, j'ai cru que c'était un ami qui venait parler à une amie.

Un sourire amer se dessina légèrement sur les lèvres de Charny.

— Oui, comte, reprit la reine, je comprends ce sourire, et je sais ce que vous vous dites intérieurement. Vous vous dites que j'ai été injuste à Versailles et qu'à Paris je suis capricieuse.

— Injustice ou caprice, Madame, répondit Charny, tout est permis à une femme, à plus forte raison à une reine.

— Eh! mon Dieu, mon ami, dit Marie-Antoinette avec tout le charme qu'elle put mettre dans ses yeux et dans sa voix, vous savez bien une chose, c'est; que le caprice vienne de la femme ou vienne de la reine, la reine ne peut pas se passer de vous comme conseiller, la femme ne peut pas se passer de vous comme ami.

Et elle lui tendit sa main blanche, effilée, un peu maigrie, mais toujours digne de servir de modèle à un statuaire.

Charny prit cette main royale et, après l'avoir baisée respectueusement, s'apprêtait à la laisser retomber, quand il sentit que Marie-Antoinette retenait la sienne.

— Eh bien! oui, dit la pauvre femme, répondant par ses paroles au mouvement qu'il avait fait, eh bien! oui, j'ai été injuste, plus qu'injuste, cruelle... Vous avez perdu à mon service, mon cher comte, un frère que vous aimiez d'un amour presque paternel; ce frère était mort pour moi : je devais le pleurer avec vous... En ce moment-là, la terreur, la colère, la jalousie, — que voulez-vous, Charny, je suis femme ! — ont arrêté les larmes dans mes yeux; mais, restée seule pendant ces dix jours où je ne vous ai pas vu, je vous ai payé ma dette en le pleurant. Et la preuve, tenez, regardez-moi, mon ami, c'est que je le pleure encore.

Et Marie-Antoinette renversa légèrement en arrière sa belle tête, afin que Charny pût voir deux larmes, limpides comme deux diamants, couler dans le sillon que la douleur commençait à creuser sur ses joues.

Ah! si Charny eût pu savoir quelle quantité de larmes devaient suivre celles qui coulaient devant lui, sans doute, qu'ému d'une immense pitié, il fût tombé aux genoux de la reine et lui eût demandé pardon des torts qu'elle avait eus envers lui.

Mais l'avenir, par la permission du Seigneur miséricordieux, est enveloppé d'un voile que nulle main ne peut soulever, que nul regard ne peut percer avant l'heure, et l'étoffe noire dont le destin avait fait celui de Marie-Antoinette, semblait encore enrichi d'assez de broderies d'or pour qu'on ne s'aperçût pas que c'était une étoffe de deuil.

D'ailleurs, il y avait trop peu de temps que Charny avait baisé la main du roi pour que le baiser qu'il venait de déposer sur la main de la reine fût autre chose qu'une simple marque de respect.

— Croyez, madame, dit-il, que je suis bien reconnaissant de ce souvenir qui s'adresse à moi, et de cette douleur qui s'adresse à mon frère... Par malheur, à peine ai-je le temps de vous en exprimer ma reconnaissance...

— Comment cela, et que voulez-vous dire? demanda Marie-Antoinette étonnée.

— Je veux dire, madame, que je quitte Paris dans une heure.

— Vous quittez Paris dans une heure?

— Oui, madame.

— Oh! mon Dieu, nous quittez-vous comme les autres?...... Emigrez-vous, monsieur de Charny?

— Hélas! dit Charny, Votre Majesté vient de me prouver, par cette cruelle question, que j'ai eu, sans doute à mon insu, bien des torts envers elle.

— Pardon, mon ami, mais vous nous dites que vous nous quittez... Pourquoi nous quittez-vous?

— Pour accomplir une mission, dont

le roi m'a fait l'honneur de me charger.

— Et vous quittez Paris? demanda la reine avec anxiété.

— Je quitte Paris, oui, madame.

— Pour quel temps?

— Je l'ignore.

— Mais, il y a huit jours, vous refusiez une mission, ce me semble?

— C'est vrai, madame.

— Pourquoi donc, ayant refusé une mission il y a huit jours, en acceptez-vous une aujourd'hui?

— Parce qu'en huit jours, madame,

bien des changements peuvent se faire dans l'existence d'un homme, et, par conséquent, dans ses résolutions.

La reine parut faire un effort à la fois sur sa volonté et sur les différents organes soumis à cette volonté et chargés de la transmettre.

— Et vous partez... seul? demanda-t-elle.

— Oui, madame, seul.

Marie-Antoinette respira.

Puis, comme accablée par l'effort qu'elle venait de faire, elle s'affaissa un instant sur elle-même, ferma les yeux, et, passant son mouchoir de batiste sur son front :

— Et où allez-vous ainsi? demanda-t-elle encore.

— Madame, répondit respectueusement Charny, le roi, je le sais, n'a point de secrets pour Votre Majesté; que la reine demande à son auguste époux, et le but de mon voyage et l'objet de ma mission, et je ne doute pas un instant qu'il ne le lui dise.

Marie-Antoinette rouvrit les yeux, et fixa sur Charny un regard étonné.

— Mais pourquoi m'adresserai-je à lui, puisque je puis m'adresser à vous? dit-elle.

— Parce que le secret que j'emporte

en moi est celui du roi, madame, et non pas le mien.

— Il me semble, monsieur, reprit Marie-Antoinette avec une certaine hauteur, que, si c'est le secret du roi, c'est aussi celui de la reine.

— Je n'en doute point, madame, répondit Charny en s'inclinant; voilà pourquoi j'ose affirmer à Votre Majesté que le roi ne fera aucune difficulté de le lui confier.

— Mais, enfin, cette mission est-elle à l'intérieur de la France ou à l'étranger ?

— Le roi seul peut donner là-dessus, à

Sa Majesté, l'éclaircissement qu'elle demande.

— Ainsi, dit la reine avec le sentiment d'une profonde douleur, qui, momentanément, l'emportait sur l'irritation que lui causait la retenue de Charny; ainsi vous partez, vous vous éloignez de moi, vous allez courir des dangers sans doute, et je ne saurai ni où vous êtes, ni quels dangers vous courez!

— Madame, quelque part que je sois, vous aurez là où je serai, je puis en faire serment à Votre Majesté, un sujet fidèle, un cœur dévoué... et, quels que soient les dangers que je m'expose à courir, ils me seront doux, puisque je m'y exposerai pour le service des deux têtes que je vénère le plus au monde.

— Et, s'inclinant, le comte parut ne plus attendre, pour se retirer, que le congé de la reine.

La reine poussa un soupir qui ressemblait à un sanglot étouffé, et, pressant sa gorge avec sa main, comme pour aider ses larmes à redescendre dans sa poitrine :

— C'est bien, monsieur, dit-elle, allez...

Charny s'inclina de nouveau, et, d'un pas ferme, marcha vers la porte.

Mais, au moment où le comte mettait la main sur le bouton ;

— Charny! s'écria la reine, les bras étendus vers lui.

Le comte tressaillit, et se retourna pâlissant.

— Charny! continua Marie-Antoinette, venez ici.

Il s'approcha chancelant.

— Venez ici, plus près, ajouta la reine; regardez-moi en face... Vous ne m'aimez plus, n'est-ce pas?

Charny sentit tout un frisson courir dans ses veines; il crut un instant qu'il allait s'évanouir.

C'était la première fois que la femme

hautaine, que la souveraine orgueilleuse pliait devant lui.

Dans toute autre circonstance, à tout autre moment, il fût tombé aux genoux de Marie-Antoinette, il lui eût demandé pardon; mais le souvenir de ce qu venait de se passer entre lui et le roi le soutint; et, rappelant toutes ses forces :

— Madame, dit-il, après les marques de confiance et de bonté dont vient de me combler le roi, je serais, en vérité, un misérable si j'assurais, à cette heure, Votre Majesté d'autre chose que de mon dévouement et de mon respect.

— C'est bien, comte, dit la reine, vous êtes libre... allez.

Un moment Charny fut pris d'un irrésistible désir de se précipiter aux pieds de la reine; mais cette invincible loyauté qui vivait en lui, terrassa, sans les étouffer, les restes de cet amour qu'il croyait éteint, et qui avait été sur le point de se ranimer plus ardent et plus vivace que jamais.

Il s'élança donc hors de la chambre, une main sur son front, l'autre sur sa poitrine, en murmurant des paroles sans suite, mais qui, tout incohérentes qu'elles étaient, eussent changé, si elles les eût entendues, en un sourire de triomphe les larmes désespérées de Marie-Antoinette.

La reine le suivit des yeux, espérant

toujours qu'il allait se retourner et venir à elle.

Mais elle vit la porte s'ouvrir devant lui et se refermer sur lui.

Mais elle entendit ses pas s'éloigner dans les antichambres et les corridors.

Cinq minutes après qu'il avait disparu et que le bruit de ses pas s'était éteint, elle regardait et écoutait encore.

Tout à coup, son attention fut attirée par un bruit nouveau et qui venait de la cour.

C'était celui d'une voiture.

Elle courut à la fenêtre et reconnut la

voiture de voyage de Charny, qui traversait la cour des Suisses et s'éloignait par la rue du Carrousel.

Elle sonna Weber.

Weber entra.

— Si je n'étais point prisonnière au château, dit-elle, et que je voulusse aller rue Coq-Héron, quel chemin faudrait-il que je prisse ?

—Madame, dit Weber, il vous faudrait sortir par la porte de la cour des Suisses et tourner par la rue du Carrousel, puis suivre la rue Saint-Honoré jusqu'à...

— C'est bien, assez. — Il va lui dire adieu, murmura-t-elle.

Et, après avoir laissé un instant son front s'appuyer sur la vitre glacée :

— Oh! il faut pourtant que je sache à quoi m'en tenir, continua-t-elle à voix basse, brisant chaque parole entre ses dents serrées.

Puis, tout haut :

—Weber, dit-elle, tu passeras rue Coq-Héron, n° 9, chez madame la comtesse de Charny, et tu lui diras que je désire lui parler ce soir.

— Pardon, madame, dit le valet de chambre, mais je croyais que Votre Majesté avait déjà disposé de sa soirée en faveur de M. le docteur Gilbert.

— Ah! c'est vrai, dit la reine hésitant.

— Qu'ordonne votre Majesté?

— Contremande le docteur Gilbert, et donne-lui rendez-vous pour demain matin.

Puis, tout bas à elle-même :

— Oui, c'est cela, dit-elle, à demain matin la politique... D'ailleurs, la conversation que je vais avoir avec madame de Charny pourra bien avoir quelque influence sur la détermination que je prendrai.

Et, de la main, elle congédia Weber.

# IV

**Horizons sombres.**

La reine se trompait : **Charny n'allait** point chez la comtesse.

Il allait à la poste royale, faire mettre des chevaux de poste à sa voiture.

Seulement, tandis qu'on attelait, il entra chez le maître de poste, demanda plume, encre, papier, et écrivit à la comtesse une lettre qu'il chargea le domesmestique qui ramenait ses chevaux de porter chez elle.

La comtesse, à demi couchée sur un canapé placé à l'angle de la cheminée du salon, et ayant un guéridon devant elle, était occupée à lire cette lettre, lorsque Weber, selon le privilège des gens qui venaient de la part du roi ou de la reine, fut introduit sans annonce préalable.

— Monsieur Weber, dit la femme de chambre en ouvrant la porte.

En même temps Weber parut.

La comtesse plia vivement la lettre qu'elle tenait à la main, et l'appuya contre sa poitrine, comme si le valet de chambre de la reine fût venu pour la lui prendre.

Weber s'acquitta de sa commission en allemand. C'était toujours un grand plaisir pour ce brave homme que de parler la langue de son pays, et l'on sait qu'Andrée, qui avait appris cette langue dans sa jeunesse, était arrivée, par la familiarité où dix ans l'avait tenue la reine, à parler cette langue comme sa langue maternelle.

Une des causes qui avait fait regretter à Weber le départ d'Andrée et sa séparation de la reine, c'était cette occasion que perdait le digne Allemand de parler sa langue.

Aussi insista-t-il bien vivement, espérant sans doute que, de l'entrevue, sortirait un rapprochement. Pour que, sous aucun prétexte, Andrée ne manquât au rendez-vous qui lui était donné; il lui répéta donc à plusieurs reprises que la reine avait contremandé une entrevue qu'elle devait avoir, le soir même, avec le docteur Gilbert, afin de se faire maîtresse de sa soirée.

Andrée répondit simplement qu'elle se rendrait aux ordres de Sa Majesté.

Weber sortit, la comtesse se tint un instant immobile et les yeux fermés, comme une personne qui veut chasser de son esprit toute pensée étrangère à celle qui l'occupe, et, seulement lorsqu'elle eut réussi à bien rentrer en elle-même, elle reprit sa lettre, dont elle continua la lecture.

La lettre lue, elle la baisa tendrement et la mit sur son cœur.

Puis, avec un sourire plein de tristesse :

— Dieu vous garde, chère âme de ma vie! dit-elle. J'ignore où vous êtes ; mais Dieu le sait, et mes prières savent où est Dieu.

Alors, quoiqu'il lui fût impossible de deviner pour quelle cause la reine la demandait, sans impatience comme sans crainte elle attendit le moment de se rendre aux Tuileries.

Il n'en était point de même de la reine ; prisonnière en quelque sorte au château, elle errait, pour user son impatience, du pavillon de Flore au pavillon de Marsan.

Monsieur l'aida à passer une heure ; Monsieur était venu aux Tuileries afin de savoir comment Favras avait été reçu par le roi.

La reine, qui ignorait la cause du voyage de Charny, et qui voulait se garder cette voie de salut, engagea le roi beaucoup plus qu'il ne s'était engagé lui-même, dit à Monsieur qu'il eût à poursuivre, et que, le moment venu, elle se chargeait de tout.

Monsieur, de son côté, était joyeux et

plein de confiance. L'emprunt qu'il négociait avec ce banquier génois que nous avons vu apparaître un instant dans sa maison de campagne de Bellevue avait réussi, et la veille M. de Favras, intermédiaire dans cet emprunt, lui avait remis les deux millions, sur lesquels il n'avait pu, lui Monsieur, faire accepter à Favras que cent louis dont il avait absolument besoin pour arroser le dévouement de deux drôles sur lesquels Favras lui avait juré qu'il pouvait compter, et qui devaient le seconder dans l'enlèvement royal.

Favras avait voulu donner à Monsieur des renseignements sur ces deux hommes; mais Monsieur, toujours prudent, avait non-seulement refusé de les voir, mais encore de connaître leur nom.

Monsieur était censé ignorer tout ce qui se passait. Monsieur donnait de l'argent à Favras, parce que Favras avait été autrefois attaché à sa personne; mais ce que faisait Favras de cet argent, Monsieur ne le savait pas et ne le voulait point savoir.

D'ailleurs, en cas de départ du roi, nous l'avons déjà dit, Monsieur restait; Monsieur avait l'air d'être en dehors du complot; Monsieur criait à l'abandon de sa famille, et, comme Monsieur avait trouvé moyen de se faire très populaire, il était probable, la royauté étant encore enracinée au cœur de la plupart des

Français, il était probable, comme l'avait dit Louis XVI à Charny, que Monsieur serait nommé régent.

Dans le cas où l'enlèvement manquait, Monsieur ignorait tout, Monsieur niait tout, ou bien Monsieur, avec les quinze ou dix-huit cent mille francs qui lui restaient d'argent comptant, allait rejoindre à Turin M. le comte d'Artois et MM. les princes de Condé.

Monsieur parti, la reine usa une autre heure chez madame de Lamballe. La pauvre petite princesse, dévouée à la reine jusqu'à la mort, on l'a vu dans l'occasion, n'avait toujours été, cependant, que le pis-aller de Marie-Antoinette, qui l'avait successivement abandonnée pour porter son inconstante faveur sur Andrée et sur mesdames de Polignac; mais la reine la connaissait : elle n'avait qu'à faire un pas vers cette véritable amie pour que celle-ci, les bras et le cœur ouverts, fît le reste du chemin.

Aux Tuileries, et depuis le retour de Versailles, la princesse de Lamballe habitait le pavillon de Flore, où elle tenait le véritable salon de Marie-Antoinette, comme faisait à Trianon madame de Polignac. Toutes les fois que la reine avait une grande douleur ou une grande inquiétude, c'était à madame de Lamballe qu'elle allait, preuve que là elle se sentait aimée. Alors, sans avoir besoin de rien dire, sans même faire la douce jeune femme confidente de cette inquiétude ou de cette douleur, elle posait sa tête sur l'épaule de cette vivante statue de l'amitié, et les larmes qui coulaient des yeux de la reine ne tardaient pas à se mêler aux pleurs qui coulaient de ceux de la princesse.

O pauvre martyre! qui osera aller chercher dans les ténèbres des alcôves si la source de cette amitié était pure ou criminelle, quand l'histoire inexorable, terrible, viendra, les pieds dans ton sang, lui dire de quel prix tu l'as payée!

Puis le dîner fit passer une autre heure. On dînait en famille avec madame Elisabeth, madame de Lamballe et les enfants.

Au dîner, les deux augustes convives étaient préoccupés ; chacun des deux avait un secret pour l'autre :

La reine, l'affaire Favras ;

Le roi, l'affaire Bouillé.

Tout au contraire du roi, qui préférait devoir son salut à tout, même à la Révolution, plutôt qu'à l'étranger, la reine préférait l'étranger à tout.

D'ailleurs, il faut le dire, ce que nous autres Français appelions l'étranger, c'était, pour la reine, la famille. Comment aurait-elle pu mettre dans la balance ce peuple qui tuait ses soldats, ces femmes qui venaient l'insulter dans les cours de Versailles, ces hommes qui voulaient l'assassiner dans ses appartements, cette foule qui l'appelait l'Autrichienne, avec les rois à qui elle demandait secours ? avec Joseph II, son frère, avec Ferdinand Ier, son beau-frère, avec Charles IV, son cousin-germain, par le roi, dont il était plus proche parent que le roi ne l'était lui-même des d'Orléans et des Condé !

La reine ne voyait donc pas dans cette fuite qu'elle préparait le crime dont elle fut accusée depuis ; elle y voyait le seul moyen, au contraire, de maintenir la dignité royale, et, dans ce retour à main armée qu'elle espérait, la seule expiation à la hauteur des insultes qu'elle avait reçues.

Nous avons montré à nu le cœur du roi ; lui se défiait des rois et des princes ; il n'appartenait pas le moins du monde à la reine, comme beaucoup l'ont cru, quoiqu'il fût Allemand par sa mère ; mais les Allemands ne regardent pas les Autrichiens comme des Allemands.

Non, le roi appartenait aux prêtres.

Il ratifia tous les décrets contre les rois, contre les princes et contre les émigrés ; il apposa son *veto* au décret contre les prêtres.

Pour les prêtres, il risqua le 20 juin, soutint le 10 août, subit le 21 janvier.

Aussi le pape, qui n'en put faire un saint, en fit-il au moins un martyr.

Contre son habitude, la reine, ce jour-là, resta peu avec ses enfants. Elle sentait bien que, son cœur n'étant pas tout entier au père, elle n'avait pas droit, à cette heure, aux caresses des enfants. Le cœur de la femme, ce viscère mystérieux qui couve les passions et fait éclore le repentir, le cœur de la femme connaît seul ces contradictions étranges.

De bonne heure la reine se retira chez elle et s'enferma : elle dit qu'elle avait à écrire, et mit Weber de garde à sa porte.

D'ailleurs le roi remarqua peu cette retraite, préoccupé qu'il était lui-même des évènements inférieurs, il est vrai, mais non sans gravité, dont Paris était menacé, et dont le lieutenant de police, qui l'attendait chez lui, venait l'entretenir.

Ces évènements, les voici en deux mots.

L'Assemblée, comme nous l'avons vu, s'était déclarée inséparable du roi ; et, le roi à Paris, elle était venue l'y rejoindre.

En attendant que la salle du manège, qui lui était destinée, fût prête, elle avait choisi, pour lieu de ses séances, la salle de l'archevêché.

Là, elle avait changé, par un décret, le titre de *roi de France et de Navarre,* en celui de *roi des Français.*

Elle avait proscrit les formules royales : « de notre science certaine, » et « de notre pleine puissance... » et leur avait substitué celle-ci : « Louis, par la grâce de Dieu, et par la loi constitutionnelle de l'État... »

Ce qui prouvait que l'Assemblée nationale, comme toutes les Assemblées parlementaires dont elle est la fille ou l'aïeule, s'occupait souvent de choses futiles, quand elle aurait dû s'occuper de choses sérieuses.

Par exemple elle eût dû s'occuper de nourrir Paris, qui mourait littéralement de faim.

Le retour de Versailles et l'installation du *boulanger*, de la *boulangère* et du *petit mitron* aux Tuileries, n'avait pas produit l'effet qu'on en attendait.

La farine et le pain continuaient de manquer.

Tous les jours, il y avait des attroupements à la porte des boulangers, et ces attroupements causaient de grands désordres ; mais comment remédier à ces attroupements ?

Le droit de réunion était consacré par la *Déclaration des Droits de l'Homme*.

Mais l'Assemblée ignorait tout cela, ses membres n'étaient pas obligés de faire queue à la porte des boulangers, et quand par hasard quelqu'un de ces membres avait faim pendant la séance, il était toujours sûr de trouver, à cent pas de là, des petits pains frais chez un boulanger nommé François, qui demeurait rue du Marché-Palu, district de Notre-Dame, et qui, faisant jusqu'à six ou huit fournées par jour, avait toujours une réserve pour *Messieurs de l'Assemblée*.

Le lieutenant de police était donc occupé à faire part à Louis XVI de ses craintes relativement à ces désordres, qui pouvaient, un beau matin, se changer en émeutes, lorsque Weber ouvrit la porte du petit cabinet de la reine et annonça à demi-voix :

— Madame la comtesse de Charny !

## V

*Femme sans mari, amante sans amant.*

Quoique la reine eût fait elle-même demander Andrée, quoiqu'elle s'attendît par conséquent à l'annonce qui venait d'être faite, elle tressaillit de tout son corps aux cinq mots que venait de prononcer Weber.

C'est que la reine ne pouvait pas se dissimuler qu'entre elle et Andrée, dans ce pacte fait pour ainsi dire dès les premiers jours où, jeunes filles, elles s'étaient vues au château de Taverney, il y avait eu un échange d'amitiés et de services rendus dans lequel elle, Marie-Antoinette, avait toujours été l'obligée.

Or, rien ne gêne les rois comme ces obligations contractées, surtout lorsqu'elles tiennent aux plus profondes racines du cœur.

Il en résultait que la reine, qui envoyait chercher Andrée, croyant avoir de grands reproches à lui faire, ne se rappelait plus, en se trouvant en face de la jeune femme, que des obligations qu'elle lui avait.

Quant à Andrée, elle était toujours la même, froide, calme, sévère, pure comme le diamant, mais tranchante et invulnérable comme lui.

La reine hésita un instant pour savoir de quel nom elle saluerait la blanche apparition qui passait de l'ombre de la porte dans la pénombre de l'appartement, et qui entrait peu à peu dans le cercle de lumière projetée par les trois bougies du candélabre placé sur la table où elle s'accoudait.

Enfin, étendant la main vers son ancienne amie :

— Soyez la bienvenue aujourd'hui comme toujours, Andrée, dit-elle.

Si forte et si préparée qu'elle se présentât aux Tuileries, ce fut à Andrée de tressaillir à son tour. Elle avait reconnu dans ces paroles que venait de lui adresser la reine un souvenir de l'accent avec lequel autrefois lui parlait la dauphine.

— Ai-je besoin de dire à Votre Majesté, répondit Andrée abordant la question avec sa franchise et sa netteté ordinaires, que, si elle m'eût toujours parlé comme elle vient de le faire, elle n'eût pas eu besoin, ayant à me parler, de m'envoyer chercher hors du palais qu'elle habite ?

Rien ne pouvait mieux servir la reine

que cette façon dont Andrée entrait en matière. Elle l'accueillit donc comme une ouverture dont elle allait profiter:

— Hélas! lui dit-elle, vous devriez le savoir, Andrée, vous si belle, si chaste et si pure; vous, dont aucune haine n'a troublé le cœur; vous, dont aucun amour n'a bouleversé l'âme; vous, que les nuages de tempête peuvent couvrir et faire disparaître, mais momentanément et comme une étoile qui, chaque fois que le vent balaie l'orage, reparaît plus brillante au firmament; toutes les femmes, même les plus haut placées, n'ont pas votre immuable sérénité... Moi surtout, moi qui vous ai demandé secours, et à qui vous l'avez si généreusement accordé!

— La reine, dit Andrée, parle de temps que j'avais oubliés, et dont je croyais qu'elle ne se souvenait plus.

— La réponse est sévère, Andrée, dit la reine, et cependant je la mérite, et vous avez raison de me la faire... Non, c'est vrai, tant que j'ai été heureuse, je ne me suis pas rappelé votre dévouement, et cela peut-être parce qu'aucune puissance humaine, pas même la puissance royale, ne m'offrait un moyen de m'acquitter envers vous... Vous avez dû me croire ingrate, Andrée; mais peut-être ce que vous preniez pour de l'ingratitude n'était-il que de l'impuissance.

— J'aurais le droit de vous accuser, madame, dit Andrée, si jamais j'eusse désiré et demandé quelque chose, et que la reine se fût opposée à mon désir et eût repoussé ma demande ; mais comment Votre Majesté veut-elle que je me plaigne, puisque je n'ai jamais rien désiré ni demandé ?

— Eh bien, voulez-vous que je vous le dise, ma chère Andrée, c'est justement cette espèce d'indifférence des choses de ce monde qui m'épouvante en vous... Oui, vous me semblez un être surhumain, une créature d'une autre sphère, emportée par un tourbillon et jetée parmi nous, comme ces pierres épurées par le feu et qui tombent on ne sait de quel soleil. Il en résulte qu'on est d'abord effrayé de sa faiblesse en se trouvant en face de celle qui n'a jamais faibli ; mais ensuite on se rassure, on se dit que la suprême indulgence est dans la suprême perfection, que c'est à la source la plus pure qu'il faut laver son âme, et, dans un moment de profonde douleur, on fait ce que je viens de faire, Andrée, on envoie chercher cet être surhumain dont on craignait le blâme, pour lui demander la consolation.

— Hélas! madame, dit Andrée, si telle est réellement la chose que vous demandez de moi, j'ai bien peur que le résultat ne réponde pas à l'attente.

— Andrée, Andrée, vous oubliez dans quelle circonstance terrible vous m'avez déjà soutenue et consolée, dit la reine.

Andrée pâlit visiblement ; la reine la voyant chancelante et les yeux fermés, comme quelqu'un dont la force s'en va, fit un mouvement de la main et du bras pour l'attirer sur le même canapé qu'elle, mais Andrée résista et demeura debout.

— Madame, dit-elle, si Votre Majesté avait pitié de sa fidèle servante, elle lui épargnerait des souvenirs qu'elle était presque parvenue à éloigner d'elle. C'est une mauvaise consolatrice que celle qui ne demande de consolation à personne, pas même à Dieu, parce qu'elle doute que Dieu lui-même ne soit pas impuissant à consoler certaines douleurs.

La reine fixa sur Andrée son regard clair et profond.

— Certaines douleurs! dit-elle; mais vous avez donc encore d'autres douleurs que celles que vous m'avez confiées?

Andrée ne répondit pas.

— Voyons, dit la reine, l'heure est venue de nous expliquer, et je vous ai fait quérir pour cela... Vous aimez M. de Charny?

Andrée devint pâle comme une morte, mais resta muette.

— Vous aimez M. de Charny? répéta la reine.

— Oui, dit Andrée.

La reine poussa un cri de lionne blessée.

— Oh! dit-elle, je m'en doutais!... Et depuis quand l'aimez-vous?

— Depuis la première heure où je l'ai vu.

La reine recula effrayée devant cette statue de marbre qui s'avouait une âme.

— Oh! dit-elle, et vous vous êtes tue?...

— Vous le savez mieux que personne, Madame.

— Et pourquoi cela?

— Parce que je me suis aperçue que vous aussi vous l'aimiez.

— Voulez-vous donc dire que vous

l'aimiez plus que je ne l'aimais, puisque je n'ai rien vu ?

— Ah ! fit Andrée avec amertume, vous n'avez rien vu parce qu'il vous aimait, Madame !

— Oui... et je vois maintenant parce qu'il ne m'aime plus... C'est cela que vous voulez dire, n'est-ce pas ?

Andrée resta muette.

— Mais répondez donc, dit la reine en lui saisissant, non plus la main, mais le bras, répondez et avouez qu'il ne m'aime plus...

Andrée ne répondit ni par un mot, ni par un geste, ni par un signe.

— En vérité, s'écria la reine, c'est à en mourir! Mais tuez-moi tout de suite en me disant qu'il ne m'aime plus. Voyons, il ne m'aime plus, n'est-ce pas?

— L'amour ou l'indifférence de M. le comte de Charny sont ses secrets; ce n'est point à moi de les dévoiler, répondit Andrée.

— Oh! ses secrets! non pas à lui seul... car je présume qu'il vous a prise pour confidente? dit la reine avec amertume.

— Jamais M. le comte de Charny ne m'a dit un mot de son amour ou de son indifférence pour vous.

— Pas même ce matin?

— Je n'ai pas vu M. le comte de Charny ce matin.

La reine fixa sur Andrée un regard qui cherchait à pénétrer au plus profond de son cœur.

— Voulez-vous dire que vous ignorez le départ du comte?

— Je ne veux pas dire cela.

— Mais comment connaissez-vous ce départ, si vous n'avez pas vu M. de Charny?

— Il m'a écrit pour me l'annoncer.

— Ah! dit la reine, il vous a écrit?

Et, de même que Richard III, dans un moment suprême, avait crié : « Ma couronne pour un cheval ! » Marie-Antoinette fut près de crier : « Ma couronne pour cette lettre ! »

Andrée comprit ce désir ardent de la reine ; mais elle voulut se donner la joie de laisser un instant sa rivale dans l'anxiété.

— Et cette lettre que le comte vous a écrite au moment du départ, j'en suis bien sûre, vous ne l'avez pas sur vous?

— Vous vous trompez, Madame, dit Andrée, la voici.

Et, tirant de sa poitrine la lettre, tiède de sa chaleur et embaumée de son parfum, elle la tendit à la reine.

Celle-ci la prit en frissonnant, la serra

un moment entre ses doigts, ne sachant pas si elle devait la conserver ou la rendre, et regardant Andrée avec des sourcils froncés ; puis, enfin, jetant loin d'elle toute hésitation :

— Oh ! dit-elle, la tentation est trop forte !

— Et elle ouvrit la lettre, et, se penchant vers la lumière du candélabre, elle lut ce qui suit :

« Madame,

« Je quitte Paris dans une heure sur un ordre formel du roi.

« Je ne puis vous dire où je vais, pourquoi je pars, ni combien de temps je resterai hors de Paris ; toutes choses qui probablement vous importent fort peu, mais que j'eusse cependant désiré être autorisé à vous dire.

« J'ai eu un instant l'intention de me présenter chez vous, pour vous annoncer mon départ de vive voix, mais je n'ai point osé le faire sans votre permission... »

La reine savait ce qu'elle désirait savoir, elle voulut rendre la lettre à Andrée ; mais celle-ci, comme si c'eût été à elle de commander, et non d'obéir :

— Allez jusqu'au bout, madame, dit-elle.

La reine reprit sa lecture.

« J'avais refusé la dernière mission que l'on m'avait offerte parce que je croyais alors, pauvre fou! qu'une sympathie quelconque me retenait à Paris; mais, depuis, hélas! j'ai acquis la preuve du contraire, et j'ai accepté cette occasion de m'éloigner des cœurs auxquels je suis indifférent.

« Si pendant ce voyage, il en arrivait de moi comme du malheureux Georges, toutes mes mesures sont prises, madame, pour que vous soyez instruite *la première* du malheur qui m'aurait frappé et de la liberté qui vous serait rendue. Alors seulement, madame, vous sauriez quelle profonde admiration a fait naître dans mon cœur, votre sublime dévouement, si mal récompensé par celle à qui vous avez sacrifié, jeune, belle et née pour être heureuse, la jeunesse, la beauté et le bonheur.

« Alors, madame, tout ce que je demande à Dieu et à vous, c'est que vous accordiez un souvenir au malheureux qui, si tard, s'est aperçu de la valeur du trésor qu'il possédait.

« Tous les respects du cœur.

« Comte Olivier de Charny. »

La reine tendit la lettre à Andrée, qui la reprit, cette fois, et laissa retomber près d'elle, avec un soupir, sa main inerte, presque inanimée.

— Eh bien, madame, murmura Andrée, êtes-vous trahie?... Ai-je manqué, je ne dirai pas à la promesse que je vous ai faite, car jamais je ne vous ai fait de promesse, mais à la foi que vous aviez mise en moi?

— Pardonnez-moi, Andrée, dit la reine. Oh! j'ai tant souffert!

— Vous avez souffert! Vous osez dire devant moi que vous avez souffert, madame! Et moi, que dirai-je donc?... Oh! je ne dirai pas que j'ai souffert, car je ne veux pas employer une parole dont se soit déjà servie une autre femme pour peindre la même idée. Non, il me faudrait un mot nouveau, inconnu, inouï qui fût le résumé de toutes les douleurs,

l'expression de toutes les tortures!...
Vous avez souffert!... et cependant
vous n'avez pas vu, madame, l'homme
que vous aimiez, indifférent à cet amour,
se tourner, à genoux et son cœur dans
les mains, vers une autre femme... Vous
n'avez pas vu votre frère, jaloux de cette
autre femme, qu'il adorait en silence et
comme un païen sa divinité, se battre
avec l'homme que vous aimiez... Vous
n'avez pas entendu l'homme que vous
aimiez, blessé par votre frère d'une
blessure crue un instant mortelle, n'appeler, dans son délire, que cette autre
femme dont vous étiez la confidente....
Vous n'avez pas vu cette autre femme
se glisser comme une ombre dans les
corridors où vous erriez vous-même,

pour entendre ces accents de délire, qui prouvaient que si un amour insensé ne survivait point à la vie, il l'accompagnait au moins jusqu'au seuil du tombeau... Vous n'avez pas vu cet homme, revenant à la vie par un miracle de la nature et de la science, ne se lever de son lit que pour tomber aux pieds de votre rivale, de votre rivale, oui, madame, car, en amour, c'est à la grandeur de l'amour que se mesure l'égalité des rangs... Vous ne vous êtes point, alors, dans votre désespoir, retirée, à vingt-cinq ans, dans un couvent, cherchant à éteindre sur les pieds glacés d'un crucifix cet amour qui vous dévorait... Puis, un jour, quand, après un an de prières, d'insomnies, de jeûnes, de désirs impuissants, de cris de douleur, vous espériez avoir, sinon éteint, au moins endormi la flamme qui vous dévorait, vous n'avez pas vu cette rivale, votre ancienne amie, qui n'avait rien compris, qui n'avait rien deviné, venir vous trouver dans votre solitude, pour vous demander quoi?... Au nom d'une ancienne amitié que les souffrances n'avaient pu altérer, au nom de son salut comme épouse, au nom de la majesté royale compromise, venir vous demander d'être la femme de qui? de cet homme que, depuis trois ans, vous adoriez... femme sans mari, bien entendu, simple voile jeté entre le regard de la foule et le bonheur d'autrui, comme un linceul est étendu entre un cadavre et le monde!... Vous n'avez pas, dominée, je ne dirai point par la pitié, — l'amour jaloux n'a pas de miséricorde, et vous le savez bien, vous, madame, qui m'avez sacrifiée, vous n'avez pas, dominée par le devoir, accepté l'immense dévouement... Vous n'avez pas senti cet homme vous passer au doigt un anneau d'or qui, gage d'une éternelle union, n'était pour vous qu'un vain et insignifiant symbole... Vous n'avez pas, une heure après la célébration du mariage, quitté votre époux pour ne le revoir... que comme l'amant de votre rivale !... Ah! madame, madame, les trois années qui viennent de s'écouler sont, je vous le dis, de cruelles années !

La reine souleva sa main défaillante, cherchant la main d'Andrée.

Andrée écarta la sienne.

— Moi, je n'avais rien promis, dit-elle, et voilà ce que j'ai tenu. Vous, madame, continua la jeune femme, se faisant accusatrice, vous m'aviez promis deux choses...

— Andrée ! Andrée ! fit la reine.

— Vous m'aviez promis de ne pas revoir M. de Charny, promesse d'autant plus sacrée que je ne vous la demandais pas...

— Andrée !...

— Puis, vous m'aviez promis, — oh ! cette fois, par écrit ! — vous m'aviez promis de me traiter comme une sœur, promesse d'autant plus sacrée que je ne l'avais pas sollicitée.

— Andrée...

— Faut-il que je vous rappelle les termes de cette promesse que vous m'avez faite dans un moment solennel, dans un moment où je venais de vous sacrifier ma vie, plus que ma vie, mon amour, c'est-à-dire mon bonheur en ce monde et mon salut dans l'autre... Oui, mon salut dans l'autre, car on ne pèche point que par action, madame, et qui me dit que le Seigneur me pardonnera mes désirs insensés, mes vœux impies?... Eh bien, dans ce moment où je venais de tout vous sacrifier, vous m'avez remis un billet, ce billet, je le vois encore,

chaque lettre flamboie devant mes yeux!
Ce billet, il était ainsi conçu :

« Andrée, vous m'avez sauvée ; mon honneur me vient de vous, ma vie est à vous. Au nom de cet honneur qui vous coûte si cher, je vous jure que vous pouvez m'appeler votre sœur... essayez, vous ne me verrez pas rougir.

« Je remets cet écrit entre vos mains, c'est le gage de ma reconnaissance, c'est la dot que je vous donne.

« Votre cœur est le plus noble de tous les cœurs ; il me saura gré du présent que je vous offre.

« Marie-Antoinette. »

La reine poussa un soupir d'abattement.

— Oui, je comprends, dit Andrée, parce que j'ai brûlé ce billet, vous croyiez que je l'avais oublié; non, Madame, non, vous voyez que j'en avais retenu chaque parole, et, au fur et à mesure que vous paraissiez ne plus vous en souvenir, oh! moi, je m'en souvenais davantage!

— Ah! pardonne-moi, pardonne-moi, Andrée! je croyais qu'il t'aimait...

— Vous avez donc cru que c'était une loi du cœur, que, parce qu'il vous aimait moins, Madame, il devait en aimer une autre?

Andrée avait tant souffert, qu'elle devenait cruelle à son tour.

— Alors vous aussi, vous vous êtes aperçue qu'il m'aimait moins? dit la reine avec une exclamation de douleur.

Andrée ne répondit pas; seulement, elle regarda la reine éperdue, et quelque chose comme un sourire se dessina sur ses lèvres.

— Mais que faut-il faire, mon Dieu! que faut-il faire pour retenir cet amour, c'est-à-dire ma vie qui s'en va?... Oh! si tu sais cela, Andrée, mon amie, ma sœur, dis-le-moi, je t'en supplie, je t'en conjure!

Et la reine étendit les deux mains vers Andrée.

Andrée recula d'un pas.

— Puis-je savoir cela, Madame, dit-elle, moi qu'il n'a jamais aimée?

— Oui, mais il peut t'aimer... un jour, il peut venir à tes genoux faire amende honorable du passé, te demander son pardon pour ce qu'il t'a fait souffrir... et les souffrances sont si vite oubliées, mon Dieu! dans les bras de celui qu'on aime, le pardon est si vite accordé à celui qui vous a fait souffrir!

— Eh bien! ce malheur arrivant, — oui, ce serait probablement un malheur pour toutes deux, Madame, — oubliez-vous qu'avant d'être la femme de M. de Charny, il me resterait un secret à lui apprendre, une confidence à lui faire ; secret terrible ! confidence mortelle ! qui tuerait à l'instant même cet amour que vous craignez ?... Oubliez-vous qu'il me resterait à lui raconter ce que je vous ai raconté, à vous ?

— Vous lui diriez que vous avez été violée par Gilbert ? vous lui diriez que vous avez un enfant ?

— Oh ! mais, en vérité, Madame, pour qui me prenez-vous donc, de manifester un pareil doute ?

La reine respira.

— Ainsi, dit-elle, vous ne ferez rien pour essayer de ramener à vous M. de Charny ?

— Rien, Madame, pas plus dans l'avenir que je n'ai fait dans le passé.

— Vous ne lui direz pas, vous ne lui laisserez pas soupçonner que vous l'aimez ?

— A moins que lui-même ne vienne me dire qu'il m'aime, non, Madame.

— Et, s'il vient vous dire qu'il vous aime, si vous lui dites que vous l'aimez, vous me jurez...

— Oh! Madame! fit Andrée, interrompant la reine.

— Oui, dit la reine, oui, vous avez raison, Andrée, ma sœur, mon amie, et je suis injuste, exigeante, cruelle... Oh!

mais, quand tout m'abandonne, pouvoir, réputation, amis, oh! je voudrais au moins que cet amour, auquel je sacrifierais réputation, pouvoir, amis, je voudrais au moins que cet amour me restât!

— Et maintenant, Madame, dit Andrée avec cette froideur glaciale qui ne l'avait abandonnée qu'un seul instant quand elle avait parlé des tortures souffertes par elle, avez-vous quelques nouveaux renseignements à me demander, quelques nouveaux ordres à me transmettre?

— Non, rien, merci... je voulais vous rendre mon amitié et vous la refusez... Adieu, Andrée, emportez au moins ma reconnaissance.

Andrée fit de la main un geste qui semblait repousser ce second sentiment comme elle avait repoussé le premier, et, après une froide et profonde révérence, sortit lente et silencieuse comme une apparition.

— Oh! tu as bien raison, corps de glace, cœur de diamant, âme de feu, de ne vouloir ni de ma reconnaissance ni de mon amitié, car je le sens, et j'en demande pardon au Seigneur, mais je te hais... comme je n'ai jamais haï personne! car, s'il ne t'aime déjà, oh! j'en suis bien sûre, il t'aimera un jour!

Puis, appelant Weber :

— Weber, dit-elle, tu as vu M. Gilbert?

— Oui, Votre Majesté, répondit le valet de chambre.

— A quelle heure viendra-t-il demain matin?

— A dix heures, Madame.

— C'est bien, Weber; préviens mes femmes que je me coucherai sans elles, ce soir, et que, souffrante et fatiguée, je désire qu'on me laisse dormir demain jusqu'à dix heures... La première et la seule personne que je recevrai sera M. le docteur Gilbert.

## VI

**Le boulanger François.**

Nous n'essaierons pas de dire comment s'écoula cette nuit pour les deux femmes.

A neuf heures du matin seulement, nous retrouverons la reine, les yeux rougis par les larmes, les joues pâlies par l'insomnie; à huit heures, c'est-à-dire au jour presque naissant, — car on était à cette triste période de l'année où les journées sont courtes et sombres; — à huit heures, elle avait quitté le lit où elle avait en vain cherché le repos pendant les premières heures de la nuit, et où, pendant les dernières, elle n'avait trouvé qu'un sommeil fiévreux et agité.

Depuis quelques instants, quoique, d'après l'ordre donné, personne n'osât entrer dans sa chambre, elle entendait autour de son appartement ces allées et venues, ces bruits soudains et ces rumeurs prolongées qui annoncent que quelque chose d'insolite se passe à l'extérieur.

Ce fut à ce moment que, la toilette de

la reine achevée, la pendule sonna neuf heures.

Au milieu de tous ces bruits confus qui semblaient courir dans les corridors, elle entendit la voix de Weber qui réclamait le silence.

Elle appela le fidèle valet de chambre.

A l'instant même, tout bruit cessa.

La porte s'ouvrit.

— Qu'y a-t-il donc, Weber? demanda la reine ; que se passe-t-il dans le château, et que signifient toutes ces rumeurs?

— Madame, dit Weber, il paraît qu'il y a du bruit du côté de la Cité.

—Du bruit! fit la reine, et à quel propos?

— On ne sait pas encore, Madame; seulement on dit qu'il se fait une émeute à cause du pain.

Autrefois, il ne serait pas venu à la reine cette idée qu'il y avait des gens qui mouraient de faim; mais, depuis que, pendant le voyage de Versailles, elle avait entendu le dauphin lui demander du pain, sans qu'elle pût lui en donner, elle comprenait ce que c'était que la détresse, la misère et la faim.

— Pauvres gens! murmura-t-elle, se rappelant les mots qu'elle avait entendus sur la route, et l'explication que

Gilbert avait donnée de ces mots, ils voient bien maintenant que ce n'est la faute ni du *boulanger* ni de la *boulangère*, s'ils n'ont pas de pain.

Puis, tout haut :

— Et craint-on que cela ne devienne grave? demanda-t-elle.

— Je ne saurais vous dire, Madame ; il n'y a pas deux rapports qui se ressemblent, répondit Weber.

— Eh bien, reprit la reine, cours jusqu'à la Cité, Weber ; ce n'est pas très loin d'ici ; vois par tes yeux ce qui se passe, et viens me le redire.

— Et M. le docteur Gilbert? demanda le valet de chambre.

— Préviens Campan ou Miséry que je l'attends, et l'une ou l'autre l'introduira.

Puis, jetant cette dernière phrase au moment où Weber allait disparaître :

— Recommande bien qu'on ne le fasse pas attendre, Weber, dit-elle ; lui qui est au courant de tout nous expliquera ce qui se passe.

Weber sortit du château, gagna le guichet du Louvre, s'élança sur le pont, et guidé par les clameurs, suivant le flot qui roulait vers l'archevêché, il arriva sur la place de Notre-Dame.

Au fur et à mesure qu'il s'était avancé vers le vieux Paris, la foule avait grossi, et les clameurs étaient devenues plus vives.

Au milieu de ces cris ou plutôt de ces hurlements, on entendait de ces voix comme on en entend seulement au ciel, les jours d'orage, et, sur la terre, les jours de révolution; on entendait des voix qui criaient :

— C'est un affameur!... à mort! à mort!... à la lanterne! à la lanterne!

Et des milliers de voix qui ne savaient pas même de quoi il était question, et parmi lesquelles on distinguait celles des femmes, répétaient de confiance, et dans l'attente d'un de ces spectacles qui font toujours bondir le cœur des foules :

— C'est un affameur! à mort! à la lanterne!

Tout à coup Weber se sentit frappé d'une de ces violentes secousses comme il s'en fait dans une grande masse d'hommes quand un courant s'établit, et il vit arriver, par la rue Chanoinesse, un flot humain, une cataracte vivante, au milieu de laquelle se débattait un malheureux, pâle et les vêtements déchirés.

C'était après lui que tout ce peuple en avait; c'était contre lui que s'élevaient tous ces cris, tous ces hurlements, toutes ces menaces.

Un seul homme le défendait contre cette foule; un seul homme faisait une digue à ce torrent humain.

Cet homme qui avait entrepris une tâche de pitié au-dessus des forces de dix hommes, de vingt hommes, de cent hommes, c'était Gilbert.

Il est vrai que quelques-uns parmi la foule, l'ayant reconnu, commençaient à crier :

— C'est le docteur Gilbert, un patriote... l'ami de M. La Fayette et de M. Bailly... Écoutons le docteur Gilbert.

A ces cris, il y eut un moment de halte, quelque chose comme ce calme passager qui s'étend sur les flots entre deux raffales.

Weber en profita pour se frayer un chemin jusqu'au docteur.

Il y parvint à grand'peine.

— Monsieur le docteur Gilbert, dit le valet de chambre.

Gilbert se retourna du côté où venait cette voix.

— Ah! dit-il, c'est vous, Weber.

Puis, lui faisant signe d'approcher :

— Allez, dit-il tout bas, annoncer à la reine que je viendrai peut-être plus tard qu'elle ne m'attend : je suis occupé à sauver un homme.

— Oh! oui, dit le malheureux entendant ces derniers mots, vous me sauverez, n'est-ce pas, docteur?... Dites-leur que je suis innocent; dites-leur que ma jeune femme est enceinte... Je vous jure que je ne cachais pas de pain, docteur!

Mais, comme si cette plainte et cette prière du malheureux eussent remis le feu à la haine et à la colère à moitié éteintes, les cris redoublèrent et les menaces essayèrent de se traduire en voies de fait.

— Mes amis, s'écria Gilbert en luttant avec une force surhumaine contre les furieux, cet homme est un Français, un citoyen comme vous; on ne peut, on ne doit pas égorger un homme sans l'entendre..... Conduisez-le au district, et après l'on verra.

— Oui, crièrent quelques voix appartenant à ceux qui avaient reconnu le docteur.

— Monsieur Gilbert, dit le valet de chambre de la reine, tenez bon ; je vais avertir les officiers du district... Le district est à deux pas : dans cinq minutes ils seront ici.

Et il se glissa et se perdit à travers la foule, sans même attendre l'approbation de Gilbert.

Cependant quatre ou cinq personnes étaient venues en aide au docteur, et avaient fait, avec leurs corps, une espèce de retranchement au malheureux que menaçait la colère de la foule.

Ce rempart, tout faible qu'il était,

contint momentanément ces meurtriers, qui continuaient à couvrir de leurs clameurs la voix de Gilbert et celle des bons citoyens qui s'étaient ralliés à lui.

Heureusement, au bout de cinq minutes, un mouvement se fait dans la foule; un murmure lui succède, et ce murmure se traduit par ces mots:

— Les officiers du district! les officiers du district!

Devant les officiers du district, les menaces s'éteignent; la foule s'écarte; les assassins n'ont probablement pas encore le mot d'ordre.

On conduit le malheureux à l'Hôtel-de-Ville.

Il s'est attaché au docteur, il le tient par le bras, il ne veut pas le lâcher.

Maintenant, qu'est-ce que cet homme?

Nous allons vous le dire.

C'est un pauvre boulanger nommé Denis François, le même dont nous avons déjà prononcé le nom, et qui fournit des petits pains à messieurs de l'Assemblée.

Le matin, une vieille femme est entrée dans son magasin de la rue du Marché-Palu, au moment où il vient de distribuer la sixième fournée de pain, et où il commence à cuire la septième.

La vieille femme demande du pain.

— Il n'y en a plus, dit François; mais attendez ma septième fournée, et vous serez servie la première.

— J'en veux tout de suite, dit la femme, voilà de l'argent.

— Mais, dit le boulanger, puisque je vous affirme qu'il n'y en a plus.

— Laissez-moi voir.

— Oh! dit le boulanger, entrez, voyez, cherchez... je ne demande pas mieux.

La vieille entre, cherche, flaire, furète, ouvre une armoire, et, dans cette armoire, trouve trois pains rassis de quatre livres chacun, que les garçons avaient conservés pour eux.

Elle en prend un, sort sans payer, et, sur la réclamation du boulanger, elle ameute le peuple en criant que François est un affameur, et qu'il cache la moitié de sa fournée.

Le cri d'affameur désignait à une mort à peu près certaine celui qui en était l'objet.

Un ancien recruteur de dragons nommé Fleur-d'Épine, qui buvait dans un cabaret en face, sort de ce cabaret, et répète d'une voix avinée le cri poussé par la vieille.

A ce double cri, le peuple accourt hurlant, s'informe de ce dont il est question, répète les cris poussés, se rue dans la boutique du boulanger, force la garde de quatre hommes que la police avait mise à sa porte comme à celle de ses confrères, se répand dans le magasin, et, outre les deux pains rassis laissés et dénoncés par la vieille, trouve dix douzaines de petits pains frais réservés pour les députés, qui tiennent leurs séances à l'archevêché, c'est-à-dire à cent pas de là.

Dès lors, le malheureux est condamné, ce n'est plus une voix, c'est cent voix, deux cents voix, mille voix qui crient : à l'affameur !

C'est tout une foule qui hurle : à la lanterne !

En ce moment, le docteur, qui venait

de faire visite à son fils, qu'il avait reconduit chez l'abbé Bérardier, au collège Louis-le-Grand, est attiré par le bruit; il voit tout un peuple qui demande la mort d'un homme, et il s'élance au secours de cet homme.

Là, en quelques paroles, il avait appris de François ce dont il s'agissait; il avait reconnu l'innocence du boulanger, et il avait essayé de le défendre.

Alors, la foule avait entraîné ensemble et le malheureux menacé et son défenseur, les enveloppant tous deux dans le même anathême et prête à les frapper tous deux du même coup.

C'était en ce moment que Weber, envoyé par la reine, était arrivé sur la place Notre-Dame, et avait reconnu Gilbert.

Nous avons vu qu'après le départ de Weber, les officiers du district étaient arrivés, et que le malheureux boulanger avait été, sous leur escorte, conduit à l'Hôtel-de-Ville.

Accusé, garde du district, populace irritée, tout était entré pêle-mêle dans l'Hôtel-de-Ville, dont la place s'était à l'instant même encombrée d'ouvriers sans ouvrage et de pauvres diables mourant de faim, toujours prêts à se mêler à toutes les émeutes, et à rendre à quiconque était soupçonné d'être la cause de la misère publique une partie du mal qu'ils ressentaient.

Aussi, à peine l'infortuné François eût-il disparu sous le porche béant de l'Hôtel-de-Ville, que les cris redoublèrent.

Il semblait à tous ces hommes qu'on venait de leur enlever une proie qui leur appartenait.

Des individus à figures sinistres sillonnaient la foule en disant à demi voix :

— C'est un affameur payé par la cour ; voilà pourquoi on veut le sauver.

Et ces mots : « C'est un affameur ! c'est un affameur ! » serpentaient, au milieu de cette populace affamée, comme une mèche d'artifice, allumant toutes les haines, mettant le feu à toutes les colères.

Par malheur, il était bien matin encore, et chacun des hommes qui avaient pouvoir sur le peuple, ni Bailly ni La Fayette n'était là.

Ils le savaient bien, ceux qui répétaient dans les groupes : « c'est un affameur ! c'est un affameur ! »

Enfin, comme on ne voyait pas reparaître l'accusé, les cris se changèrent en un immense hourra, les menaces en un hurlement universel.

Ces hommes dont nous avons parlé se glissèrent sous le porche, rampèrent le long de l'escalier, pénétrèrent jusque dans la salle où était le malheureux boulanger, que Gilbert défendait de son mieux.

De leur côté, les voisins de François, accourus au tumulte, constataient qu'il avait donné, depuis le commencement de la révolution, les plus grandes preuves de zèle, qu'il avait cuit jusqu'à dix fournées par jour; que, lorsque ses confrères manquaient de farine, il leur en donnait de la sienne; que, pour servir plus promptement le public, outre son four, il louait celui d'un pâtissier où il faisait sécher son bois.

A la fin des dépositions, il est démontré qu'au lieu d'une punition, cet homme mérite une récompense.

Mais sur la place, mais dans les escaliers, mais jusque dans la salle, on continue de crier: « à l'affameur! » et de demander la tête du coupable.

Tout à coup, une irruption inattendue se fait dans la salle, ouvrant la haie de garde nationale qui entoure François, et le séparant de ses protecteurs. Gilbert, refoulé du côté du tribunal improvisé, voit vingt bras s'étendre... Saisi, attiré, harponné par eux, l'accusé crie à l'aide, au secours, tend ses mains suppliantes, mais inutilement!... Inutilement Gilbert fait un effort désespéré pour le rejoindre; l'ouverture par laquelle le malheureux disparaît peu à peu se referme sur lui; comme un nageur aspiré par un tourbillon, il a lutté un instant, ses mains crispées, le désespoir dans les yeux, la voix étranglée dans la gorge ; puis le flot l'a recouvert, le gouffre l'a englouti !

A partir de ce moment, il est perdu.

Roulé du haut en bas des escaliers, à chaque marche il a reçu une blessure ; lorsqu'il arrive sous le porche, tout son corps n'est qu'une vaste plaie.

Ce n'est plus la vie qu'il demande, c'est la mort !

Où se cachait donc la mort, à cette époque, qu'elle était si prête à accourir quand on l'appelait ?

En une seconde, la tête du malheureux

François est séparée du corps, et s'élève au bout d'une pique.

Aux cris de la rue, les émeutiers qui sont dans les escaliers et dans les salles se précipitent; il faut voir le spectacle jusqu'au bout.

C'est curieux, une tête au bout d'une pique; on n'en a pas vu depuis le 6 octobre, et l'on est au 21.

— Oh! Billot! Billot! s'écrie Gilbert en s'élançant hors de la salle, que tu es heureux d'avoir quitté Paris!

Il venait de traverser la place de Grève, suivant le bord de la Seine, laissant s'éloigner cette pique, cette tête sanglante, et le convoi hurlant par le pont Notre-Dame, lorsqu'à moitié du quai Pelletier, il sentit qu'on lui touchait le bras.

Il leva la tête, jeta un cri, voulut s'arrêter et parler; mais l'homme qu'il avait reconnu lui glissa un billet dans la main, mit un doigt sur sa bouche, et s'éloigna, allant du côté de l'archevêché.

Sans doute, ce personnage désirait garder l'incognito; mais une femme de la halle, l'ayant regardé, battit des mains, et s'écria :

— Eh! c'est notre petite mère Mirabeau!

— Vive Mirabeau! crièrent cinq cents

voix; vive le défenseur du peuple! vive l'orateur patriote!

Et la queue du cortège qui suivait la tête du malheureux François, entendant ce cri, se retourna, et fit escorte à Mirabeau, qu'une foule immense accompagna, toujours criant jusqu'à la porte de l'archevêché.

C'était en effet, Mirabeau, qui, se rendant à la séance de l'assemblée, avait rencontré Gilbert et lui avait remis un billet qu'il venait d'écrire pour lui sur le comptoir d'un marchand de vin, et qu'il se proposait de lui faire parvenir à domicile.

## VII

#### Le parti qu'on peut tirer d'une tête coupée.

Gilbert avait lu rapidement le billet que lui avait glissé Mirabeau, l'avait relu plus lentement une seconde fois, l'avait mis dans la poche de sa veste, et, appelant un fiacre, il avait donné l'ordre au cocher de le conduire aux Tuileries.

En arrivant, il avait trouvé toutes les

grilles closes et les sentinelles doublées par ordre de M. de La Fayette, qui, sachant qu'il y avait du trouble dans Paris, avait commencé par aviser à la sûreté du roi et de la reine, et s'était porté ensuite au lieu où on lui avait dit que le trouble existait.

Gilbert se fit reconnaître du concierge de la rue de l'Échelle, et entra dans les appartements.

En l'apercevant madame de Campan, qui avait reçu le mot d'ordre de la reine, vint au-devant de lui et l'introduisit aussitôt. Weber, pour obéir à la reine, était retourné aux nouvelles.

A la vue de Gilbert, la reine jeta un cri.

Une portion de l'habit et du jabot du docteur avait été déchirée dans la lutte qu'il avait soutenue pour sauver le malheureux François, et quelques gouttes de sang mouchetaient sa chemise.

— Madame, dit-il, je demande pardon à Votre Majesté de me présenter ainsi devant elle ; mais je l'avais, malgré moi, déjà fait attendre assez longtemps, et je ne voulais pas la faire attendre davantage.

— Et ce malheureux, monsieur Gilbert?

— Il est mort, madame ; il a été assassiné, mis en morceaux !

— Il était coupable, au moins ?

— Il était innocent, madame.

— Oh ! monsieur, voilà les fruits de votre révolution ! après avoir égorgé les grands seigneurs, les fonctionnaires, les gardes, les voilà qui s'égorgent entre eux !... Mais il n'y a donc pas moyen de faire justice de ces assassins ?

— Nous y tâcherons, madame ; mais mieux vaudrait encore prévenir les meurtres que punir les meurtriers.

— Et comment arriver là, mon Dieu ? le roi et moi ne demandons pas mieux.

— Madame, tous ces malheurs viennent d'une grande défiance du peuple envers les agents du pouvoir. Mettez à la tête du gouvernement des hommes qui aient la confiance du peuple, et rien de pareil n'arrivera plus.

— Ah! oui.... M. de Mirabeau, M. de La Fayette, n'est-ce pas?

— J'espérais que la reine m'avait envoyé chercher pour me dire qu'elle avait obtenu du roi qu'il cessât d'être hostile à la combinaison que je lui avais proposée.

— D'abord, docteur, dit la reine, vous tombez dans une grande erreur, — erreur où, du reste, tombent beaucoup d'autres que vous, — vous croyez que j'ai de l'influence sur le roi; vous croyez que le roi suit mes inspirations; vous

vous trompez.... si quelqu'un a de l'influence sur le roi, c'est madame Elisabeth, et non pas moi ; et, la preuve, c'est qu'hier encore, il a envoyé en mission un de mes serviteurs, M. de Charny, sans que je sache ni où il va, ni dans quel but il est parti.

— Et, cependant, si la reine voulait surmonter sa répugnance pour M. de Mirabeau, je lui répondrais bien d'amener le roi à mes désirs.

— Voyons, monsieur Gilbert, reprit vivement la reine, me direz-vous par hasard, que cette répugnance n'est point motivée ?

— En politique, madame, il ne doit y avoir ni sympathie ni antipathie ; il doit y avoir des rapports de principes ou des combinaisons d'intérêts ; et je dois dire à Votre Majesté, à la honte des hommes, que les combinaisons d'intérêts sont bien autrement sûres que les **rapports** de principes.

— Docteur, me direz-vous sérieusement que je dois me fier à un homme qui a fait les 5 et 6 octobre, et pactiser avec un orateur qui m'a publiquement insultée à la tribune ?

— Madame, croyez-moi, ce n'est point M. de Mirabeau qui a fait les 5 et 6 octobre ; c'est la faim, la disette, la misère qui ont commencé l'œuvre du jour ; mais c'est un bras puissant, mystérieux, terrible, qui a fait l'œuvre de la nuit....

Peut-être, un jour, serai-je à même de vous défendre de ce côté, et de lutter avec cette ténébreuse puissance qui poursuit, non-seulement vous, mais encore toutes les autres têtes couronnées, non-seulement le trône de France, mais encore tous les trônes de la terre ! Aussi vrai comme j'ai l'honneur de mettre ma vie à vos pieds et à ceux du roi, madame, M. de Mirabeau n'est pour rien dans ces terribles journées, et il a appris à l'Assemblée comme les autres, un peu avant les autres peut-être, par un billet qui lui a été remis, que le peuple marchait sur Versailles.

— Nierez-vous aussi ce qui est de notoriété publique, c'est-à-dire l'insulte qu'il m'a faite à la tribune ?

— Madame, M. de Mirabeau est un de ces hommes qui connaissent leur propre valeur, et qui s'exaspèrent quand, voyant à quoi ils sont bons et de quel aide ils peuvent être, les rois s'obstinent à ne pas les employer... Oui, pour que vous tourniez les yeux vers lui, madame, M. de Mirabeau emploiera jusqu'à l'injure ; car il aimera mieux que l'illustre fille de Marie-Thérèse, reine et femme, jette sur lui un regard courroucé que de ne pas le regarder du tout.

— Ainsi vous croyez, monsieur Gilbert, que cet homme consentirait à être à nous?

— Il y est tout entier, madame. Quand Mirabeau s'éloigne de la royauté, c'est comme un cheval qui fait des écarts et qui n'a besoin que de sentir la bride et l'éperon de son cavalier pour rentrer dans le droit chemin.

— Mais, étant déjà à monsieur le duc d'Orléans, il ne peut cependant être à tout le monde!

— Voilà où est l'erreur, madame.

— M. de Mirabeau n'est pas à M. le duc d'Orléans? répéta la reine.

— Il est si peu à M. le duc d'Orléans que, lorsqu'il a appris que le prince s'était retiré en Angleterre devant les menaces de M. de La Fayette, il a dit, en froissant dans ses mains le billet de M. de Lauzun qui lui annonçait ce départ : « On prétend que cet homme-là est mon maître; je ne voudrais pas de lui pour mon laquais! »

— Allons, voilà qui me raccommode un peu avec lui, dit la reine en essayant de sourire, et si je croyais qu'on pût véritablement compter sur M. de Mirabeau...

— Eh bien?

— Eh bien! peut-être serais-je moins éloignée que le roi de revenir à lui...

— Madame, le lendemain du jour où le peuple a ramené de Versailles Votre Majesté, ainsi que le roi et la famille royale, j'ai rencontré M. de Mirabeau...

— Enivré de son triomphe de la veille?

— Epouvanté des dangers que vous couriez et de ceux que vous pouviez courir encore.

— En vérité?.. Vous êtes sûr? dit la reine d'un air de doute.

— Voulez-vous que je vous rapporte les paroles qu'il m'a dites?

— Oui, vous me ferez plaisir.

— Eh bien! les voici, mot pour mot; je les ai gravées dans ma mémoire, espérant que j'aurais un jour l'occasion de les répéter à Votre Majesté : « Si vous avez quelque moyen de vous faire entendre du roi et de la reine, persuadez-leur que la France et eux sont perdus, si la famille royale ne sort pas de Paris. Je m'occupe d'un plan pour les en faire sortir. Seriez-vous en mesure d'aller leur donner l'assurance qu'ils peuvent compter sur moi? »

La reine devint pensive.

— Ainsi, dit-elle, l'avis de M. de Mirabeau est aussi que nous quittions Paris?

— C'était son avis, à cette époque-là.

— Et il en a changé depuis?

— Oui, si j'en crois un billet que j'ai reçu il y a une demi-heure.

—De qui?

— De lui-même.

— Peut-on voir ce billet?

— Il est destiné à Votre Majesté.

Et Gilbert tira le papier de sa poche.

— Votre Majesté excusera, dit-il, mais il a été écrit sur du papier à écolier et sur le comptoir d'un marchand de vins.

— Oh! ne vous inquiétez pas de cela... papier et pupitre sont en harmonie avec la politique qui se fait en ce moment-ci.

La reine prit le papier et lut :

« L'évènement d'aujourd'hui change les choses de face.

« On peut tirer un grand parti de cette tête coupée.

« L'Assemblée va avoir peur et demandera la loi martiale.

« M. de Mirabeau peut appuyer et faire voter la loi martiale.

« M. de Mirabeau peut soutenir qu'il n'y a de salut qu'en rendant la force au pouvoir exécutif.

« M. de Mirabeau peut attaquer M. de Necker sur les subsistances et le renverser.

« Qu'à la place du ministère Necker on fasse un ministère Mirabeau et Lafayette, M. de Mirabeau répond de tout. »

— Eh bien ! dit la reine, ce billet n'est pas signé.

— N'ai-je pas eu l'honneur de dire à Votre Majesté que c'était M. de Mirabeau lui-même qui me l'avait remis ?

— Que dites-vous de tout cela ?

— Mon avis, madame, est que M. de Mirabeau a parfaitement raison, et que l'alliance qu'il propose peut seule sauver la France.

— Soit... Que M. de Mirabeau me

fasse passer par vous un mémoire sur la situation et un projet de ministère; je mettrai le tout sous les yeux du roi.

— Et Votre Majesté l'appuiera?

— Et je l'appuierai.

— Ainsi en attendant, et comme premier gage donné à la royauté, M. de Mirabeau peut soutenir la loi martiale et demander que la force soit rendue au pouvoir exécutif?

— Il le peut.

— En échange, au cas où la chute de M. de Necker deviendrait urgente, un ministère La Fayette et Mirabeau ne serait pas défavorablement reçu ?

— Par moi ? non... Je veux prouver que je suis prête à sacrifier tous mes ressentiments personnels au bien de l'Etat. Seulement, vous le savez, je ne réponds pas du roi.

— Monsieur nous seconderait-il dans cette affaire ?

— Je crois que Monsieur a ses projets à lui qui l'empêcheraient de seconder ceux des autres.

— Et... des projets de Monsieur, la reine n'a aucune idée ?...

— Je crois qu'il est du premier avis de

M. de Mirabeau, c'est-à-dire que le roi doit quitter Paris.

— Votre Majesté m'autorise à dire à M. de Mirabeau que ce mémoire et ce projet de ministère sont demandés par Votre Majesté ?

— Je fais M. Gilbert juge de la mesure qu'il doit garder vis-à-vis d'un homme qui est notre ami d'hier, et qui peut redevenir notre ennemi demain.

— Ah! sur ce point rapportez-vous-en à moi, madame; seulement, comme les circonstances sont graves, il n'y a pas de temps à perdre; permettez donc que j'aille à l'Assemblée, et que j'essaie de voir M. de Mirabeau aujourd'hui même.

Si je le vois, dans deux heures Votre Majesté aura la réponse.

La reine fit de la main un signe d'assentiment et de congé ; Gilbert sortit.

Un quart-d'heure après, il était à l'Assemblée.

L'Assemblée était en grand émoi, à cause de ce crime commis à ses portes, et sur un homme qui était en quelque sorte son serviteur.

Les membres allaient et venaient de la tribune à leurs bancs, de leurs bancs aux corridors.

Mirabeau seul se tenait immobile à sa

place. Il attendait, les yeux fixés sur la tribune publique.

En apercevant Gilbert, sa figure de lion s'éclaira.

Gilbert lui fit un signe auquel il répondit par un mouvement de tête de haut en bas.

Gilbert déchira une page de ses tablettes et écrivit :

« Vos propositions sont accueillies, sinon par les deux parties, du moins par celle que vous croyez et que je crois aussi la plus influente des deux.

« On demande un mémoire pour démain, un projet de ministère pour aujourd'hui.

« *Faites rendre la force au pouvoir exécutif*, et le pouvoir exécutif comptera sur vous. »

Puis, il plia le papier en forme de lettre, écrivit sur l'adresse : « A monsieur de Mirabeau, » appela un huissier et fit porter le billet à sa destination.

De la tribune où il était, Gilbert vit entrer l'huissier dans la salle ; il le vit se diriger droit vers le député d'Aix, et lui remettre le billet.

Mirabeau le lut avec une expression de si profonde indifférence, qu'il eût été impossible à son proche voisin de deviner que le billet qu'il venait de recevoir correspondait à ses plus ardents désirs ; et, avec la même indifférence, sur une demi-feuille de papier qu'il avait devant lui, il traça quelques lignes, plia négligemment le papier, et, toujours avec la même insouciance apparente, le donnant à l'huissier :

— A la personne qui vous a remis le billet que vous m'avez apporté, dit-il.

Gilbert ouvrit vivement le papier.

Il contenait ces quelques lignes qui renfermaient peut-être pour la France un autre avenir, si le plan qu'elles proposaient avait pu être mis à exécution :

« Je parlerai.

« Demain, j'enverrai le mémoire.

« Voici la liste demandée. On pourra modifier deux ou trois noms :

« M. Necker, premier ministre... »

Ce nom fit presque douter à Gilbert que ce billet qu'il lisait fût de la main de Mirabeau.

Mais, comme une note prise entre deux parenthèses suivait ce nom ainsi que les autres, Gilbert reprit :

« M. Necker, premier ministre *(il faut le rendre aussi impuissant qu'il est in-*

*capable, et cependant conserver sa popularité au roi);*

« L'archevêque de Bordeaux, chancelier *(on lui recommandera de choisir avec soin ses rédacteurs);*

« Le duc de Liancourt, à la guerre *(il a de l'honneur, de la fermeté, de l'affection personnelle pour le roi, ce qui donnera au roi de la sécurité);*

« Le duc de La Rochefoucauld, maison du roi, ville de Paris *(Thouret avec lui);*

« Le comte de La Marck, à la marine *(il ne peut avoir le département de la guerre, qu'il faut donner à M. de Liancourt; M. de*

*Lamarck a fidélité, caractère et exécution);*

« L'évêque d'Autun, ministre des finances *(sa motion du clergé lui a conquis cette place. Laborde avec lui);*

« Le comte de Mirabeau, au conseil du roi, sans département *(les petits scrupules de respect humain ne sont plus de saison; le gouvernement doit afficher tout haut que ses premiers auxiliaires seront désormais les bons principes, le caractère et le talent);*

« Target, maire de Paris *(la basoche le conduira toujours);*

« La Fayette, au conseil, maréchal de France, généralissime *à terme* pour refaire l'armée ;

« M. de Montmorin, gouverneur duc et pair *(ses dettes payées)*;

« M. de Ségur *(de Russie)* aux affaires étrangères;

« M. Moussier, la bibliothèque du roi;

« M. Chapellier, les bâtiments. »

Au-dessous de cette première note était écrite cette seconde :

« *Part de La Fayette :*

« Ministre de la justice, le duc de La Rochefoucauld ;

« Ministre des affaires étrangères, l'évêque d'Autun ;

« Ministre des finances, Lambert, Haller ou Clavières;

« Ministre de la marine, ..... »

« *Part de la reine :*

« Ministre de la guerre ou de la marine, La Mark ;

« Chef du conseil d'instruction et d'éducation publiques, l'abbé Sieyès ;

« Garde du sceau privé du roi, ..... »

Cette seconde note indiquait évidemment les changements et modifications qui pouvaient se faire à la combinaison proposée par Mirabeau, sans apporter d'obstacle à ses vues, de trouble dans ses projets (1).

Tout cela était écrit d'une écriture légèrement tremblée qui prouvait que Mirabeau, indifférent à la surface, ressentait une certaine émotion à l'intérieur.

Gilbert lut rapidement, déchira une nouvelle feuille de papier à ses tablettes, et écrivit dessus les trois ou quatre lignes suivantes, qu'il remit, après les avoir écrites, à l'huissier, qu'il avait prié de ne pas s'éloigner :

(1) Ces notes, retrouvées dans les papiers de Mirabeau, après sa mort, ont été recueillies depuis, dans l'ouvrage publié par M. de Bacourt, et qui jette un si grand jour sur les deux dernières années de la vie de Mirabeau.

« Je retourne chez la maîtresse de l'appartement que nous voulons louer, et lui porte les conditions auxquelles vous consentez à prendre et à réparer la maison.

« Faites-moi connaître, chez moi, rue Saint-Honoré, au-dessus de l'Assomption, en face d'un menuisier nommé Duplay, le résultat de la séance aussitôt qu'elle sera terminée. »

Toujours avide de mouvement et d'agitation, espérant combattre par les intrigues politiques les passions de son cœur, la reine attendait le retour de Gilbert avec impatience en écoutant le nouveau récit de Weber.

Ce récit était le terrible denouement de la terrible scène dont Weber avait vu le commencement, et dont il venait de voir la fin.

Renvoyé aux informations par la reine, il était arrivé par une extrémité du pont Notre-Dame, tandis qu'à l'autre extrémité de ce pont apparaissait le sanglant cortège portant, comme étendard de meurtre, la tête du boulanger François, que, par une de ces dérisions populaires qui avaient fait coiffer et raser les têtes des gardes-du-corps au pont de Sèvres, un assassin, plus facétieux que les autres, avait coiffée d'un bonnet de coton, pris à l'un des confrères de la victime.

Au tiers du pont, à peu près, une jeune

femme, pâle, effarée, la sueur au front, qui, malgré un commencement de grossesse déjà visible, courait, d'une course aussi rapide que possible, vers l'Hôtel-de-Ville, s'arrêta tout à coup.

Cette tête, dont elle n'avait encore pu distinguer les traits, avait cependant, à distance, produit sur elle l'effet du bouclier antique.

Mais, au fur et à mesure que la tête s'approchait, il était facile de voir, par la décomposition des traits de la pauvre créature, qu'elle n'était point changée en pierre.

Quand l'horrible trophée ne fut plus

qu'à vingt pas d'elle, elle jeta un cri, étendit les bras avec un mouvement désespéré, et, comme si ses pieds se fussent détachés de la terre, elle tomba évanouie et couchée sur le pont.

C'était la femme de François, enceinte de cinq mois.

On l'avait emportée sans connaissance.

— Oh! mon Dieu! murmura la reine, c'est un terrible enseignement que vous envoyez à votre servante, pour lui apprendre que si malheureux que l'on soit, il existe plus malheureux encore!

En ce moment Gilbert entra, introduit par madame Campan, qui avait remplacé Weber dans la garde de la porte royale.

Il trouva, non plus la reine, mais la femme, c'est-à-dire l'épouse, c'est-à-dire la mère, écrasée sous ce récit qui l'avait frappée deux fois au cœur.

La disposition n'en était que meilleure, puisque Gilbert, à son avis du moins, venait offrir le moyen de mettre un terme à tous ces assassinats.

Aussi la reine, essuyant ses yeux où roulaient des larmes, son front où perlait la sueur, prit-elle des mains de Gilbert la liste qu'il rapportait.

Mais avant de jeter les yeux sur ce papier si important qu'il fût :

— Weber, dit-elle, si cette pauvre femme n'est pas morte, je la recevrai demain, et si elle est véritablement enceinte, je serai la marraine de son enfant.

— Ah! madame! madame! s'écria Gilbert, pourquoi tous les Français ne peuvent-ils pas, comme moi, voir les larmes qui coulent de vos yeux, entendre les paroles qui sortent de votre bouche!

La reine tressaillit; c'était les mêmes mots à peu près, que, dans une circonstance non moins critique, lui avait adressés Charny.

Elle jeta un coup-d'œil sur la note de Mirabeau ; mais trop troublée dans ce moment pour faire une réponse convenable :

— C'est bien, docteur, dit-elle, laissez-moi cette note ; je réfléchirai et vous rendrai réponse demain.

Puis, peut-être sans savoir ce qu'elle faisait, elle tendit vers Gilbert une main que celui-ci, tout surpris, effleura du bout des doigts et des lèvres.

C'était déjà une terrible conversion,

on en conviendra, pour la fière Marie-Antoinette, que de discuter un ministère dont faisaient partie Mirabeau et La Fayette, et de donner sa main à baiser au docteur Gilbert.

A sept heures du soir, un valet sans livrée remit à Gilbert le billet suivant :

« La séance a été chaude !

« La loi martiale est votée.

« Buzot et Robespierre voulaient la création d'une haute-cour.

« J'ai fait décréter que les crimes de *lèze-nation* (c'est un nouveau mot que nous venons d'inventer) seraient jugés par le tribunal royal du Châtelet.

« J'ai placé sans détour le salut de la France dans la royauté, et les trois-quarts de l'Assemblée ont applaudi.

« Nous somme au 21 octobre, j'espère que la royauté a fait bon chemin depuis le 6.

« *Vale et me ama.* »

Le billet n'était pas signé, mais il était de la même écriture que la note ministérielle et que le billet du matin, ce qui revenait absolument au même, puisque cette écriture était celle de Mirabeau.

## VIII

#### Le Châtelet.

Pour que l'on comprenne toute la portée du triomphe que venait de remporter Mirabeau, et, par contre-coup, la royauté, dont il s'était fait le mandataire, il faut que nous disions à nos lecteurs ce que c'était que le Châtelet.

D'ailleurs, un de ses premiers jugements va donner matière à l'une des plus terribles scènes qui se soient passées en Grève, dans le courant de l'année 1794, scène qui, n'étant pas étrangère à notre sujet, trouvera nécessairement place dans la suite de ce récit.

Le Châtelet, qui, depuis le xiiie siècle, avait une grande importance historique, et comme tribunal et comme prison, reçut la toute puissance qu'il exerça pendant cinq siècles du bon roi Louis IX.

Un autre roi, Philippe-Auguste, était un roi bâtisseur s'il en fut.

Il bâtit Notre-Dame, ou à peu près.

Il fonda les hôpitaux de la Trinité, de

Sainte-Catherine et de Saint-Nicolas-du-Louvre.

Il pava les rues de Paris, qui, couvertes de boues et de vases, l'empêchaient par leur puanteur, dit la chronique, de demeurer à sa fenêtre.

Il avait une grande ressource, à la vérité, pour toutes ces dépenses, ressource que ses successeurs ont malheureusement épuisée : c'étaient les juifs.

En 1189, il fut atteint de la folie du temps.

La folie du temps, c'était de vouloir reprendre Jérusalem aux soudans d'Asie.

Il s'allia avec Cœur-de-Lion, et partit pour les lieux saints.

Mais, avant de partir, afin que ces bons Parisiens ne perdissent pas leur temps, et, dans leurs moments perdus, ne songeassent point à se révolter contre lui, comme, à son instigation, s'étaient révoltés plus d'une fois les sujets et même les fils de Henri II d'Angleterre, il leur laissa un plan, et leur ordonna de se mettre à l'exécuter immédiatement après son départ.

Ce plan était une nouvelle enceinte à bâtir à leur ville, enceinte dont, nous venons de le dire, il donnait lui-même le programme, et qui devait se composer d'une muraille solide, d'une vraie muraille du douzième siècle, garnie de tourelles et de portes.

Cette muraille fut la troisième qui enveloppa Paris.

Comme on le comprend bien, les ingénieurs chargés de ce travail ne prirent pas juste la mesure de leur capitale; elle avait grossi très vite depuis Hugues-Capet, et elle promettait de faire craquer bientôt sa troisième ceinture, comme elle avait fait craquer les deux premières.

On lui tint donc la ceinture lâche, et, dans cette ceinture, on enferma, par précaution pour l'avenir, une foule de pauvres petits hameaux destinés à devenir plus tard des portions de ce grand tout.

Ces hameaux et ces villages, si pauvres qu'ils fussent, avaient chacun sa justice seigneuriale.

Or, toutes ces justices seigneuriales, qui, la plupart du temps, se contredisaient l'une l'autre, enfermées dans la même enceinte, rendirent l'opposition plus sensible, et finirent par se heurter si singulièrement, qu'elles mirent une grande confusion dans cette étrange capitale.

Il y avait, à cette époque, un seigneur

de Vincennes qui, ayant à ce qu'il paraît plus à se plaindre de ce conflit qu'aucun autre, résolut d'y mettre fin.

Ce seigneur, c'était Louis IX.

Car il est bon d'apprendre ceci aux petits enfants, et même aux grandes personnes, c'est que, lorsque Louis IX rendait justice sous ce fameux chêne devenu proverbial, il rendait justice **comme seigneur, et non comme roi.**

Il ordonna, en conséquence, comme roi, que toutes les causes jugées par ces petites justices seigneuriales seraient, par voie d'appel, portées devant son Châtelet de Paris.

La juridiction du Châtelet se trouva ainsi toute-puissante, chargée qu'elle était de juger en dernier ressort.

Le Châtelet était donc demeuré tribunal suprême jusqu'au moment où le Parlement, empiétant à son tour sur la justice royale, déclara qu'il connaîtrait, par voie d'appel, des causes jugées au Châtelet.

Mais l'Assemblée venait de suspendre les Parlements.

— Nous les avons enterrés tout vifs, disait Lameth en sortant de la séance.

Et, à la place des Parlements, sur l'insistance de Mirabeau, elle venait de rendre au Châtelet son ancien pouvoir, augmenté de pouvoirs nouveaux.

C'était donc un grand triomphe pour la royauté que les crimes de lèze-nation ressortant de la loi martiale fussent portés devant un tribunal lui appartenant.

Le premier crime dont le Châtelet eut à connaître fut celui dont nous venons de faire le récit.

Le jour même de la promulgation de la loi, deux des assassins du malheureux François furent pendus en Grève, sans autre procès que l'accusation publique et la notoriété du crime.

Un troisième, qui était le raccoleur Fleur-d'Epine, dont nous avons prononcé le nom, fut jugé régulièrement, et, dégradé et condamné par le Châtelet, il alla, par la même route qu'ils avaient prise, rejoindre dans l'éternité ses deux compagnons.

Deux causes lui restaient à juger :

Celle du fermier général Augeard ;

Celle de l'inspecteur-général des Suisses, Pierre-Victor de Bezenval.

C'était deux hommes dévoués à la cour ; aussi s'était-on hâté de transporter leur cause au Châtelet.

Augeard était accusé d'avoir fourni les fonds avec lesquels la camarilla de la reine payait, en juillet, les troupes rassemblées au Champ-de-Mars. Augeard était peu connu ; son arrestation n'avait pas fait grand bruit ; la populace ne lui en voulait donc point.

Le Châtelet l'acquitta sans trop de scandale.

Restait Bezenval.

Bezenval, c'était autre chose ; — son nom était on ne peut plus populaire, du mauvais côté du mot.

C'était lui qui avait commandé les

Suisses chez Réveillon, à la Bastille et au Champ-de-Mars. Le peuple se souvenait que, dans ces trois circonstances, il l'avait chargé, et il n'était point fâché de prendre sa revanche.

Les ordres les plus précis avaient été donnés par la cour au Châtelet : sous aucun prétexte, le roi ni la reine ne voulaient que M. de Bezenval fût condamné.

Il ne fallait pas moins que cette double protection pour le sauver.

Lui-même s'était reconnu coupable, puisqu'après le 14 juillet, il avait pris la fuite. Arrêté à moitié chemin de la frontière, il avait été ramené à Paris.

Aussi, lorsqu'il entra dans la salle, des cris de mort le saluèrent presque unanimement.

— Bezenval à la lanterne! Bezenval à la potence! hurla-t-on de tous côtés.

— Silence! crièrent les huissiers.

A grand'peine le silence fut obtenu.

Un des assistants en profita.

— Je demande, cria-t-il d'une magnifique voix de basse-taille, qu'on le coupe en treize morceaux, et qu'on en envoie un à chaque canton.

Mais, malgré les charges de l'accusation, malgré l'animosité de l'auditoire, Bezenval fut acquitté.

Indigné de ce double acquittement, un des auditeurs écrivit ces quatre vers sur un morceau de papier qu'il roula en boulette, et envoya au président :

Magistrats, qui lavez Augeard,<br>
Qui lavez Bezenval, qui laveriez la peste,<br>
Vous êtes le papier brouillard :<br>
Vous enlevez la tache, et la tache vous reste !

Le quatrain était signé. Ce n'est pas tout : le président se retourna pour en chercher l'auteur.

L'auteur était debout sur un banc,

sollicitant par ses gestes le regard du président.

Mais le regard du président se baissa devant lui.

On n'osa point le faire arrêter.

Il est vrai que l'auteur était Camille Desmoulins, le motionnaire du Palais-Royal, l'homme à la chaise, au pistolet et aux feuilles de marronnier.

Aussi un de ceux qui sortaient en foule pressée, et qu'à son costume on pouvait prendre pour un simple bourgeois du Marais, s'adressant à un de ses voisins, et lui posant la main sur l'épaule, quoique celui-ci parût appartenir à une classe supérieure de la société, lui dit :

— Eh bien, monsieur le docteur Gilbert, que pensez-vous de ces deux acquittements ?

Celui auquel il s'adressait tressaillit, regarda son interlocuteur, et, reconnaissant la figure comme il avait reconnu la voix, répondit :

— C'est à vous, et non à moi, qu'il faut demander cela, maître... vous qui savez tout, le présent, le passé, l'avenir !...

— Eh bien, moi, je pense qu'après ces

deux coupables acquittés, il faut dire malheur à l'innocent qui viendra en troisième!

— Et pourquoi croyez-vous que ce soit un innocent qui leur succédera? demanda Gilbert, et qui, leur succédant, sera puni?

— Mais par cette simple raison, répondit son interlocuteur avec cette ironie qui lui était naturelle, qu'il est assez d'habitude en ce monde que les bons pâtissent pour les mauvais...

— Adieu, maître! dit Gilbert en tendant la main à Cagliostro, — car, aux quelques mots qu'il a prononcés, on a sans doute déjà reconnu le terrible sceptique.

— Et pourquoi adieu?

— Parce que j'ai affaire, répondit Gilbert en souriant.

— Un rendez-vous?

— Oui.

— Avec qui?... avec Mirabeau, avec La Fayette ou avec la reine?

Gilbert s'arrêta, regardant Cagliostro avec une fixité inquiète.

— Savez-vous que vous m'effrayez parfois! lui dit-il.

— Au contraire, je devrais vous rassurer, dit Cagliostro.

— Comment cela?

— Ne suis-je pas de vos amis?

— Je le crois...

— Soyez-en sûr... et, si vous en voulez une preuve...

— Eh bien?

— Venez avec moi, et je vous donnerai, sur toute cette négociation que vous croyez bien secrète, des détails si secrets en effet, que, vous qui vous imaginez la conduire, vous les ignorez...

— Écoutez, dit Gilbert, peut-être vous raillez-vous de moi, à l'aide de quelques-uns de ces prestiges qui vous sont familiers; mais n'importe! les circonstances dans lesquelles nous marchons sont si graves, qu'un éclaircissement, me fût-il offert par Satan en personne, je l'accepterais... Je vous suis donc partout où vous voudrez me conduire.

— Oh! soyez tranquille, ce ne sera pas bien loin, et ce sera surtout dans un lieu qui ne vous est pas inconnu. Seulement, permettez que j'appelle ce fiacre vide qui passe; le costume dans lequel je suis sorti ne m'a pas permis de commander ma voiture et mes chevaux.

Et, en effet, il fit un signe au fiacre,

qui passait de l'autre côté du quai.

Le fiacre s'approcha; tous deux y montèrent.

— Où faut-il vous conduire, notre bourgeois? demanda le cocher à Cagliostro, comme s'il eût compris que, quoique le plus simplement vêtu, celui auquel il s'adressait menait l'autre où sa volonté lui plairait de le conduire.

— Où tu sais... dit Balsamo en faisant à cet homme une espèce de signe maçonnique.

Le cocher regarda Balsamo avec étonnement.

— Pardon, monseigneur, dit-il en répondant à ce signe par un autre, je ne vous avais pas reconnu.

— Mais il n'en était pas ainsi de moi, dit Cagliostro d'une voix ferme et hautaine; car, si nombreux qu'ils soient, je connais depuis le premier jusqu'au dernier de mes sujets.

Le cocher referma la portière, monta sur son siége, et, au grand galop de ses chevaux, conduisit la voiture à travers ce dédale de rues qui menait du Châtelet jusqu'au boulevard des Filles-du-Calvaire; puis, de là, continuant sa course vers la Bastille, il ne s'arrêta qu'au coin de la rue Saint-Claude.

La voiture arrêtée, la portière se trouva ouverte avec une rapidité qui témoignait du zèle respectueux du cocher.

Cagliostro fit signe à Gilbert de descendre le premier, et, descendant à son tour :

— N'as-tu rien à me dire? demanda-t-il.

— Si, monseigneur, répondit le cocher, et je vous eusse fait mon rapport ce soir, si je n'eusse eu la chance de vous rencontrer.

— Parle, alors.

— Ce que j'ai à dire à monseigneur ne doit pas être entendu par des oreilles profanes.

— Oh! dit Cagliostro en souriant, celui qui nous a écoutés n'est pas tout à fait un profane.

Ce fut Gilbert, alors, qui s'éloigna par discrétion.

Mais cependant il ne put prendre sur lui de ne pas regarder d'un œil, et de ne pas écouter d'une oreille.

Il vit, au récit du cocher, un sourire errer sur les lèvres de Balsamo.

Il entendit les deux noms de Monsieur et de Favras.

Le rapport terminé, Cagliostro tira un double louis de sa poche, et voulut le donner au cocher.

Mais celui-ci secoua la tête.

— Monseigneur sait bien, dit-il, qu'il nous est défendu par la vente suprême de nous faire payer nos rapports.

— Aussi n'est-ce point ton rapport que je te paie, dit Balsamo, mais ta course.

— A ce titre-là, j'accepte, dit le cocher.

Et prenant le louis :

— Merci, monseigneur, dit-il, voilà ma journée faite !

Et, sautant légèrement sur son siége, il partit au grand trot de ses chevaux, faisant claquer son fouet, et laissant Gilbert tout émerveillé de ce qu'il venait de voir et d'entendre.

— Eh bien ! dit Cagliostro, qui tenait la porte ouverte depuis quelques secondes, sans que Gilbert songeât à entrer, passez-vous, mon cher docteur ?

— Me voici, dit Gilbert, excusez-moi.

Et il franchit le seuil, tellement étourdi, qu'il chancelait comme un homme ivre.

IX

**Encore la maison de la rue Saint-Claude.**

Cependant on sait la puissance qu'avait Gilbert sur lui-même. Il n'eut point traversé la grande cour solitaire, qu'il était déjà remis, et qu'il monta les degrés du perron d'un pas aussi ferme que d'un pas chancelant il avait franchi le seuil de la porte,

D'ailleurs, cette maison où il entrait, il la connaisssait déjà pour y avoir fait une visite à une époque de sa vie qui avait laissé dans son cœur de profonds souvenirs.

Dans l'antichambre il rencontra le même domestique allemand qu'il y avait rencontré seize ans auparavant; il était à la même place et portait une livrée pareille; — seulement, comme lui Gilbert, comme le comte, comme l'antichambre même, il avait vieilli de seize ánnées.

Fritz, on se rappelle que c'était le nom du digne serviteur, Fritz devina de l'œil l'endroit où son maître voulait conduire Gilbert, et, ouvrant rapidement deux portes, il s'arrêta sur le seuil d'une troisième pour s'assurer si Cagliostro n'avait pas quelque ordre ultérieur à lui donner.

Cette troisième porte était celle du salon.

Cagliostro fit, de la main, signe à Gilbert qu'il pouvait entrer dans ce salon, et, de la tête, signe à Fritz qu'il devait se retirer.

Seulement, il ajouta de la voix et en allemand :

— Je n'y suis pour personne, jusqu'à nouvel ordre.

Puis, se retournant vers Gilbert :

— Ce n'est pas pour que vous ne compreniez point ce que je dis à mon domestique que je lui parle allemand, dit-il, je sais que vous parlez cette langue ; mais c'est que Fritz, qui est Tyrolien, comprend mieux l'allemand que le français... Maintenant, asseyez-vous, je suis tout vôtre, cher docteur.

Gilbert ne put s'empêcher de jeter un regard curieux autour de lui, et, pendant quelques instants, ses yeux s'arrêtèrent successivement sur les différents meubles ou tableaux qui ornaient le salon. Chacun de ces objets semblait rentrer un à un dans sa mémoire,

Le salon était bien le même qu'autrefois ; les huit tableaux de maître étaient bien toujours pendus aux murailles ; les fauteuils de lampas cerise brochés d'or faisaient toujours reluire leurs fleurs dans la pénombre que répandaient les épais rideaux ; la grande table de Boule était à sa place, et les guéridons chargés de porcelaines de Sèvres se dressaient encore entre les fenêtres.

Gilbert poussa un soupir et laissa tomber sa tête dans sa main. A la curiosité du présent avait, pour un moment du moins, succédé les souvenirs du passé.

Cagliostro regardait Gilbert comme

Méphistophélès devait regarder Faust, quand le philosophe allemand avait l'imprudence de se laisser aller à ses rêves devant lui.

Tout à coup, de sa voix stridente :

— Il paraît, cher docteur, dit-il, que vous reconnaissez ce salon?

— Oui, dit Gilbert, et il me rappelle les obligations que je vous ai.

— Ah! bah! chimères!...

— En vérité, s'écria Gilbert, parlant autant à lui-même qu'à Cagliostro, vous êtes un homme étrange ! et, si la toute puissante raison me permettait d'ajouter foi à ces prodiges magiques que nous rapportent les poètes et les chroniqueurs du moyen âge, je serais tenté de croire que vous êtes sorcier, comme Merlin, ou faiseur d'or, comme Nicolas Flamel.

— Oui, pour tout le monde, je suis cela, Gilbert ; mais, pour vous, non.... Je n'ai jamais cherché à vous éblouir par des prestiges ; vous le savez, je vous ai toujours fait toucher le fond des choses, et si parfois vous avez vu, à mon appel, la vérité sortir de son puits un peu plus parée et un peu mieux vêtue qu'elle ne l'est d'habitude, c'est que, en véritable Sicilien que je suis, j'ai le goût des oripeaux.

— C'est ici, vous le rappelez-vous, comte, que vous avez donné cent mille écus à un malheureux enfant en haillons avec la même facilité que, moi, je donnerais un sou à un pauvre?

— Vous oubliez quelque chose de plus extraordinaire, Gilbert, dit Gagliostro d'une voix grave, c'est que, les cent mille écus, cet enfant en haillons me les a rapportés, moins deux louis qu'il avait employés à s'acheter des habits.

— L'enfant n'était qu'honnête, tandis que vous aviez été magnifique, vous!

— Et qui vous dit, Gilbert, qu'il n'est pas plus facile d'être magnifique qu'honnête?... de donner cent mille écus, quand on a des millions, que de rapporter cent mille écus à celui qui vous les a prêtés, quand on n'a pas un sou?

— C'est peut-être vrai, dit Gilbert.

— D'ailleurs, tout dépend de la disposition d'esprit où l'on se trouve. Il venait de m'arriver le plus grand malheur de ma vie, Gilbert; je ne tenais plus à rien, et vous m'eussiez demandé ma vie, que je crois, Dieu me pardonne, que je vous l'eusse donnée, comme je vous ai donné ces cent mille écus.

— Vous êtes donc soumis au malheur aussi bien que les autres hommes? dit Gilbert en regardant Cagliostro avec un certain étonnement.

Cagliostro poussa un soupir.

— Vous parlez des souvenirs que ce salon vous rappelle, à vous, dit-il... si je vous parlais de ce qu'il me rappelle, à moi!.. Mais non... avant la fin du récit, le reste de mes cheveux blanchirait... Causons d'autre chose ; laissons les évènements écoulés dormir dans leur linceul, l'oubli,—dans le passé, leur tombe! Causons du présent; causons même de l'avenir, si vous voulez.

— Comte, tout à l'heure vous me rameniez vous-même à la réalité; tout à l'heure vous brisiez pour moi, disiez-vous, avec le charlatanisme, et voilà que vous prononcez de nouveau ce mot sonore : l'avenir ! comme si cet avenir était dans votre main, et comme si vos yeux pouvaient lire ses indéchiffrables hiéroglyphes !

— Et voilà que vous oubliez, vous, qu'ayant à ma disposition plus de moyens que les autres hommes, il n'y a rien d'étonnant à ce que je voie mieux et plus loin qu'eux.

— Toujours des mots, comte !

— Vous êtes oublieux des faits, docteur.

— Que voulez-vous, quand ma raison se refuse à croire...

— Vous rappelez-vous ce philosophe qui niait le mouvement.

— Oui.

— Que fit son adversaire ?

— Il marcha devant lui... Marchez, je vous regarde... ou plutôt parlez, je vous écoute.

— En effet, nous sommes venus pour

cela, et voici déjà bien du temps perdu à autre chose... Voyons, docteur, où en sommes-nous de notre ministère de fusion ?

— Comment de notre ministère de fusion ?

— Oui, de notre ministère Mirabeau-La Fayette ?

— Nous en sommes à de vains bruits que vous avez entendu répéter comme les autres, et vous voulez connaître leur réalité en m'interrogeant.

— Docteur, vous êtes le doute incarné;

et ce qu'il y a de terrible, c'est que vous doutez, non parce que vous ne croyez pas, mais parce que vous ne voulez pas croire !... Il faut donc vous dire d'abord ce que vous savez aussi bien que moi? Soit! Ensuite je vous dirai ce que je sais mieux que vous.

— J'écoute, comte.

— Il y a quinze jours, vous avez parlé au roi de M. de Mirabeau, comme du seul homme qui pût sauver la monarchie. Ce jour là, vous en souvient-il? vous sortiez de chez le roi au moment où M. de Favras y entrait.

— Ce qui prouve qu'il n'était pas encore pendu à cette époque, comte, dit en riant Gilbert.

— Oh! vous êtes bien pressé, docteur! je ne vous savais pas si cruel... laissez donc quelques jours au pauvre diable! Je vous ai fait la prédiction le 6 octobre; nous sommes au 6 novembre; il n'y a qu'un mois... Vous accorderez bien à son âme, pour sortir de son corps, le temps qu'on accorde à un locataire pour sortir de son logement, le trimestre! mais je vous fais observer, docteur, que vous m'écartez du droit chemin.

— Rentrez-y, comte; je ne demande pas mieux que de vous y suivre,

— Vous avez donc parlé au roi de M. de Mirabeau comme du seul homme qui pût sauver la monarchie.

— C'est mon opinion, comte; voilà pourquoi j'ai présenté cette combinaison au roi.

— C'est la mienne aussi, docteur; voilà pourquoi la combinaison que vous avez présentée au roi échouera.

— Echouera?

— Sans doute... Vous savez bien que je ne veux pas que la monarchie soit sauvée, moi?

— Continuez.

— Le roi, assez ébranlé par ce que vous lui aviez dit... — Pardon, mais je suis obligé de reprendre les choses de haut, pour vous prouver que je n'ignore pas une phase de la négociation ; — le roi, dis-je, assez ébranlé par ce que vous lui aviez dit, a parlé de votre combinaison à la reine, et, au grand étonnement des esprits superficiels, — quand cette grande bavarde qu'on appelle l'histoire dira tout haut ce que nous disons ici tout bas, — la reine fut moins opposée à votre projet que ne l'était le roi ! elle vous envoya donc quérir ; elle discuta avec vous le pour et le contre, et finit par vous autoriser à parler à M. de Mirabeau. — Est-ce la vérité, docteur? dit Cagliostro en regardant Gilbert en face.

— Je dois avouer, comte, que jusqu'ici vous n'avez pas dévié un instant du droit chemin.

— Sur quoi, vous, monsieur l'orgueilleux, vous vous êtes retiré enchanté, et dans la conviction profonde que cette conversion royale était due à votre irréfragable logique et à vos irrésistibles arguments !

A ce ton ironique, Gilbert ne put s'empêcher de se mordre légèrement les lèvres.

— Et à quoi cette conversion était-elle due, si ce n'est à ma logique et à mes arguments? dites, comte; l'étude du cœur m'est aussi précieuse que celle du corps... Vous avez inventé un instrument à l'aide duquel on lit dans la poitrine des rois; passez-moi ce merveilleux télescope, comte; ce serait d'un ennemi de l'humanité de le garder pour vous tout seul!

— Je vous ai dit que je n'avais pas de secrets pour vous, docteur; je vais donc, selon votre désir, remettre mon télescope entre vos mains... vous pourrez, à votre gré, regarder par le bout qui diminue et par le bout qui grossit. Eh bien, la reine a cédé pour deux raisons; la première, c'est que, la veille, elle avait éprouvé une grande douleur de cœur, et que, lui proposer une intrigue à nouer et à dénouer, c'était lui proposer une distraction ; la seconde, c'est que la reine est femme ; c'est qu'on lui a parlé de M. de Mirabeau comme d'un lion, comme d'un tigre, comme d'un ours, et qu'une femme ne sait jamais résister à ce désir si flatteur pour l'amour-propre, d'apprivoiser un ours, un tigre ou un lion. Elle s'est dit : « Il serait curieux que je pliasse à mes pieds cet homme qui me hait ; que je fisse faire amende honorable à ce tribun qui m'a insultée... Je le verrai à mes genoux, ce sera ma vengeance ! Puis, si de cette génuflexion il résulte quelque bien pour la France et pour la royauté, tant mieux ! » Mais, vous comprenez, ce dernier sentiment était tout secondaire.

— Vous bâtissez sur des hypothèses, comte, et vous aviez promis de me convaincre par des faits.

— Vous refusez mon télescope ? n'en parlons plus, et revenons aux choses matérielles alors, à celles que l'on peut voir à l'œil nu... aux dettes de M. de Mirabeau, par exemple... Ah ! voilà de ces choses pour lesquelles il n'est pas besoin de télescope !

— Eh bien, comte, vous avez là l'occasion de montrer votre générosité.

— En payant les dettes de M. de Mirabeau?

— Pourquoi pas? Vous avez bien, un jour, payé celles de M. le cardinal de Rohan.

— Ah! ne me reprochez pas cette spéculation, c'est une de celles qui m'ont le mieux réussi.

— Et que vous a-t-elle rapporté?

— L'affaire du collier! c'est joli, il me semble... A un prix pareil, je paie les dettes de M. de Mirabeau. Mais, pour le moment, vous savez que ce n'est point sur moi qu'il compte; il compte sur le futur généralissime La Fayette, qui le fait sauter après cinquante malheureux mille francs qu'il finira par ne pas lui donner, comme un chien après des macarons.

— Oh! comte!

— Pauvre Mirabeau! en effet, comme tous ces sots et tous ces fats à qui tu as affaire font payer à ton génie les folies de ta jeunesse! Il est vrai que tout cela est providentiel, et que Dieu est obligé de procéder par des moyens humains. — « L'immoral Mirabeau! » dit Monsieur, qui est impuissant ; « Mirabeau le prodigue ! » dit le comte d'Artois, dont son frère a payé trois fois les dettes. Pauvre homme de génie ! oui, tu sauverais peut-être la monarchie ; mais, comme la monarchie ne doit pas être sauvée : « Mirabeau, c'est un monstrueux bavard ! » dit Rivarol ; « Mirabeau, c'est un gueux ! » dit Mably ; « Mirabeau, c'est un extravagant ! » dit La Poule ; « Mirabeau, c'est un scélérat ! » dit Guillermy ; « Mirabeau, c'est un assassin ! » dit l'abbé Maury ; « Mirabeau, c'est un homme mort ! » dit Target ; « Mirabeau, c'est un homme enterré ! » dit Dupont ; « Mirabeau, c'est un orateur plus sifflé qu'applaudi ! » dit Pelletier ; « Mirabeau, il a la petite vérole à l'âme ! » dit Champcenets ; « Mi-

rabeau, il faut l'envoyer aux galères! »
dit Lambesc; « Mirabeau, il faut le
pendre! » dit Marat. Et que Mirabeau
meure demain, le peuple lui fera un
apothéose, et tous ces nains qu'il dé-
passe du buste et sur lesquels il pèse tant
qu'il vit, suivront son convoi en chan-
tant et en criant : « Malheur à la France, qui a perdu son tribun! Malheur à
la royauté, qui a perdu son appui! »

— Allez-vous donc aussi me prédire
la mort de Mirabeau? s'écria Gilbert
presque effrayé.

— Voyons, franchement, docteur, lui
croyez-vous une longue vie, à cet homme

que son sang brûle, que son cœur étouffe, que son génie dévore ? croyez-vous que des forces, si gigantesques qu'elles soient, ne s'épuisent pas à lutter éternellement contre le courant de la médiocrité ? C'est le rocher de Sysiphe, que l'œuvre entreprise par lui ! Depuis deux ans, ne l'écrase-t-on pas sans cesse avec ce mot : *immoralité ?* Chaque fois que, après des efforts inouis, il croit l'avoir repoussé au sommet de la montagne, ce mot retombe sur lui plus lourd que jamais ! Qu'est-on venu dire au roi, qui avait presque adopté l'opinion de la reine à l'endroit de Mirabeau premier ministre ?

— « Sire ! Paris criera à l'immoralité ! la France criera à l'immoralité ! l'Europe criera à l'immoralité ! » comme si Dieu fondait les grands hommes au même moule que le commun des mortels, et comme si, en s'élargissant, le cercle qui embrasse les grandes vertus ne devait pas aussi embrasser les grands vices! Gilbert, vous vous épuiserez, vous et deux ou trois hommes d'intelligence, pour faire Mirabeau ministre, c'est-à-dire ce qu'ont été M. de Turgot, un niais; M. de Necker, un pédant, M. de Calonne, un fat, M. de Brienne, un athée, et Mirabeau ne sera pas ministre, parce qu'il a cent mille francs de dettes qui seraient payés s'il était le fils d'un simple fermier-général, et parce qu'il a été condamné à mort pour avoir enlevé la femme d'un vieil imbécile laquelle a fini par s'asphyxier pour un beau capitaine!

Quelle comédie que la tragédie humaine, et comme j'en pleurerais, si je n'avais pas pris le parti d'en rire!

— Mais quelle prédiction me faites-vous là? demanda Gilbert, qui, tout en approuvant l'excursion que Cagliostro venait de faire dans le pays de l'imagination, ne s'inquiétait que de la conclusion qu'il en avait rapportée.

— Je vous dis, répéta Cagliostro, de ce ton de prophète qui n'appartenait qu'à lui et qui n'admettait pas de réplique, je vous dis que Mirabeau, l'homme de génie, l'homme d'État, le grand orateur, usera sa vie et abordera la tombe sans arriver à être ce que tout le monde aura été, c'est-à-dire ministre... Oh! c'est une belle protection que la médiocrité, mon cher Gilbert!

— Mais enfin, demanda celui-ci, le roi s'oppose donc?

— Peste! il s'en garde bien! il faudrait discuter avec la reine, à laquelle il a presque donné sa parole. Vous savez que la politique du roi est dans le mot *presque :* il est presque constitutionnel, presque philosophe, presque populaire, et même presque fin, quand il est conseillé par Monsieur. Allez demain à l'Assemblée, mon cher docteur, et vous verrez ce qui s'y passera.

— Ne pourriez-vous pas me le dire d'avance ?

— Ce serait vous ôter le plaisir de la surprise.

— Demain... c'est bien long !

— Alors, faites mieux. Il est cinq heures ; dans une heure, le club des Jacobins s'ouvrira, — ce sont des oiseaux de nuit, vous le savez, que MM. les Jacobins. Etes-vous de la société ?

— Non, Camille Desmoulins et Danton m'ont fait recevoir aux Cordeliers.

— Eh bien, comme je vous disais,

dans une heure le club des Jacobins s'ouvrira. C'est une société fort bien composée, et dans laquelle vous ne serez pas déplacé, soyez tranquille. Nous allons dîner ensemble; après dîner, vous prenez un fiacre, ou je vous fais conduire rue Saint-Honoré, et, en sortant du vieux couvent, vous serez édifié. D'ailleurs, prévenu douze heures d'avance, peut-être aurez-vous le temps de parer le coup.

— Comment, demanda Gilbert, vous dînez donc à cinq heures ?

— A cinq heures précises. Je suis un précurseur en toutes choses; dans dix ans, la France ne fera plus que deux repas : un déjeuner à dix heures du matin, et un dîner à six heures du soir.

— Et qui amènera ce changement dans ses habitudes ?

— La famine, mon cher !

— Vous êtes, en vérité, un prophète de malheur.

— Non, car je vous prédis un bon dîner.

— Avez-vous du monde ?

— Je suis absolument seul ; mais vous savez le mot du gastronome antique : « Lucullus dîne chez Lucullus. »

— Monseigneur est servi, dit un valet ouvrant les deux battants d'une porte sur une salle à manger splendidement éclairée et somptueusement servie.

—Allons, venez, monsieur le pythagoricien, dit Cagliostro en prenant le bras de Gilbert ; bah ! une fois n'est pas coutume !

Gilbert suivit l'enchanteur, subjugué qu'il était par la magie de ses paroles, et peut-être aussi entraîné par l'espérance de faire briller dans sa conversation quelque éclair qui pût le guider au milieu de la nuit où il vivait.

## X

#### Le Club des Jacobins.

Deux heures après la conversation que nous venons de rapporter, une voiture sans livrée et sans armoiries s'arrêtait devant le perron de l'église Saint-Roch, dont la façade n'était pas encore mutilée par les balles du 13 vendémiaire.

De cette voiture descendirent deux

hommes vêtus de noir, comme l'étaient alors les membres du *tiers*, et, à la jaune lueur des reverbères qui perçait de loin en loin le brouillard de la rue Saint-Honoré, suivant une espèce de courant tracé par la foule, ils longèrent le côté droit de la rue jusqu'à la petite porte du couvent des Jacobins.

Si nos lecteurs ont deviné, — ce qui est probable, — que ces deux hommes étaient le docteur Gilbert et le comte de Cagliostro ou le banquier Zamore, comme il se faisait appeler à cette époque, nous n'avons pas besoin de leur expliquer pourquoi ils s'arrêtèrent devant cette petite porte, puisque cette petite porte était le but de leur excursion.

Au reste, nous l'avons dit, les deux nouveaux venus n'avaient qu'à suivre la foule, car la foule était grande.

— Voulez-vous entrer dans la nef ou vous contenterez-vous d'une place dans les tribunes? demanda Cagliostro à Gilbert.

— Je croyais, répondit Gilbert, la nef consacrée aux seuls membres de la société.

— Sans doute; mais ne suis-je pas de toutes les sociétés, moi? dit Cagliostro en riant; et puisque j'en suis, mes amis n'en sont-ils pas? Voici une carte pour vous, si vous voulez, Quant à moi, je n'ai qu'à dire un mot.

— On nous reconnaîtra comme étrangers, dit Gilbert, et l'on nous fera sortir...

— D'abord, il faut vous dire, mon cher docteur, une chose que vous ne savez point, à ce qu'il paraît : c'est que la société des Jacobins, fondée depuis trois mois, compte déjà soixante mille membres à peu près, en France, et en comptera quatre cent mille avant un an. En outre, très cher, ajouta en souriant Cagliostro, c'est ici le véritable Grand-Orient, le centre de toutes les sociétés secrètes, et non pas chez cet imbécille de Fauchet, comme on le croit. Or, si vous n'avez pas le droit d'entrer ici à titre de jacobin, vous y avez votre place obligée en qualité de rose-croix.

— N'importe, dit Gilbert, j'aime mieux les tribunes. Du haut des tribunes, nous planerons sur toute l'assemblée, et, s'il est quelque illustration présente ou future que j'ignore, vous me la ferez connaître.

— Aux tribunes donc! dit Cagliostro. Et il prit, à droite, un escalier de planches qui conduisait à des tribunes improvisées.

Les tribunes étaient pleines; mais, à la première où il s'adressa, Cagliostro n'eut qu'à faire un signe et qu'à prononcer un mot à demi-voix, et deux hommes qui se tenaient sur le devant, comme s'ils eussent été prévenus de son arrivée et ne fussent venus là que pour garder sa place et celle du docteur Gilbert, se retirèrent à l'instant même.

Les deux nouveaux venus les remplacèrent.

La séance n'était pas encore ouverte; les membres de l'assemblée étaient confusément répandus dans la sombre nef, les uns causant par groupes, les autres se promenant dans l'étroit espace que leur laissait le grand nombre de leurs collègues; d'autres, enfin, rêvant isolés, soit assis dans l'ombre, soit debout et appuyés à quelque pilier massif.

Des lumières rares épanchaient par bandes demi-lumineuses quelques clartés sur cette foule, dont les individualités ne ressortaient que lorsque leurs visages ou leurs personnes se trouvaient par hasard sous une de ces faibles cascades de flammes.

Seulement, même dans la pénombre, il était facile de voir que l'on était au milieu d'une réunion aristocratique; les habits brodés et les uniformes des officiers de terre et de mer foisonnaient, mouchetant la foule de reflets d'or et d'argent.

En effet, à cette époque, pas un ouvrier, pas un homme du peuple, nous dirons presque pas un bourgeois, ne démocratisait l'illustre assemblée.

Pour les gens de petit monde, il y avait une autre salle au-dessous de la première. Cette salle s'ouvrait à une autre heure, afin que le peuple et l'aristocratie ne se coudoyassent pas. Pour l'instruction de ce peuple, on avait fondé une société fraternelle.

Les membres de cette société avaient

mission de lui expliquer la Constitution et de lui paraphraser les droits de l'homme.

Quant aux Jacobins, nous l'avons dit, c'est, à cette époque, une société militaire, aristocratique, intellectuelle, et surtout lettrée et artistique.

**En effet, les hommes de lettres et les artistes y sont en majorité.**

C'est, en hommes de lettres, La Harpe, l'auteur de *Mélanie;* Chénier, l'auteur de *Charles IX;* Andrieux, l'auteur des *Étourdis*, qui donne déjà, à l'âge de trente ans, les mêmes espérances qu'il donnait encore à l'âge de soixante-dix, et qui est mort ayant toujours promis, n'ayant jamais tenu; c'est encore Sedaine, l'ancien tailleur de pierres, protégé de la reine, royaliste de cœur, comme la plupart de ceux qui se trouvent là; Champfort, le poète lauréat, ex-secrétaire de M. le prince de Condé, lecteur de madame Elisabeth; Laclos, l'homme du duc d'Orléans, l'auteur des *Liaisons dangereuses*, qui tient la place de son patron et qui, selon les circonstances, a mission de le rappeler au souvenir de ses amis ou de le laisser oublier par ses ennemis.

C'est, en artistes, Talma le Romain, qui va, dans son rôle de Titus, faire une révolution : grâce à lui, on coupera les chevelures, en attendant que, grâce à

Collot-d'Herbois, son collègue, on coupe les têtes; c'est David, qui rêve *Léonidas* et les *Sabines;* David, qui ébauche sa grande toile du *Serment du Jeu de paume*, et qui vient d'acheter peut-être le pinceau avec lequel il fera sa plus belle toile et son plus hideux tableau : *Marat assassiné dans son bain;* c'est Vernet, qui a été reçu de l'Académie, il y a deux ans, sur son tableau du *Triomphe de Paul-Émile*, qui s'amuse à peindre des chevaux et des chiens, sans se douter qu'à quatre pas de lui dans l'assemblée, au bras de Talma, est un jeune lieutenant corse, aux cheveux plats et sans poudre, qui lui prépare cinq de ses plus beaux tableaux : *Le passage du Mont-Saint-Bernard*, les *Batailles de Rivoli, de Marengo, d'Austerlitz* et *de Wagram;* c'est Larive, l'héritier de l'école déclamatoire, qui ne daigne pas encore voir dans le jeune Talma un rival, qui préfère Voltaire à Corneille et du Belloy à Racine; c'est Laïs, le chanteur, qui fait les délices de l'Opéra dans les rôles du Marchand de la *Caravane*, du Consul de *Trajan* et de Cinna de la *Vestale;* c'est La Fayette, Lameth, Dupont, Sieyès, Thouret, Chapellier, Rabaud-Saint-Etienne, Lanjuinais, Montlouis; puis, au milieu de tout cela, l'air provocateur et le nez au vent, la figure présomptueuse, le député de Grenoble, Barnave, dont les hommes médiocres font le rival de Mirabeau, et que Mirabeau écrase toutes les fois qu'il daigne mettre le pied sur lui !

Gilbert jeta un long regard sur cette brillante assemblée, reconnut chacun, appréciant dans son esprit toutes ces diverses capacités et mal rassuré par elles.

Pourtant, cet ensemble royaliste le réconforta un peu.

— En somme, dit-il tout à coup à Cagliostro, quel homme voyez-vous parmi tous ces hommes qui soit véritablement hostile à la royauté?

— Dois-je regarder avec les yeux de tout le monde, avec les vôtres, avec ceux de M. Necker, avec ceux de l'abbé Maury, ou avec les miens?

— Avec les vôtres, dit Gilbert. N'est-il pas convenu que ce sont des yeux de sorcier ?

— Eh bien ! il y en a deux.

— Oh ! ce n'est pas beaucoup au milieu de quatre cents hommes !

— C'est assez, si l'un de ces deux hommes doit-être le meurtrier de Louis XVI, et l'autre son successeur.

Gilbert tressaillit.

— Oh ! oh ! murmura-t-il, nous avons ici un futur Brutus, et un futur César ?

— Ni plus ni moins, mon cher docteur.

— Vous me les ferez bien voir, n'est-ce pas, comte ? dit Gilbert avec le sourire du doute sur les lèvres.

— O apôtre aux yeux couverts d'écaille, murmura Cagliostro, je ferai mieux, si tu veux ; je te les ferai toucher du doigt. Par lequel veux-tu commencer ?

— Mais, il me semble, par le renverseur. J'ai un grand respect pour l'ordre chronologique... Voyons, d'abord, Brutus.

— Tu sais, dit Cagliostro s'animant, comme s'il se sentait saisi du souffle de l'inspiration, tu sais que les hommes ne procèdent jamais par les mêmes moyens, fût-ce pour accomplir une œuvre pareille ? Notre Brutus, à nous, ne ressemblera donc en rien au Brutus antique.

— Raison de plus pour que je sois curieux de le voir.

— Eh bien ! dit Cagliostro, regarde, le voici.

Et il étendit le bras dans la direction d'un homme appuyé contre la chaire, dont la tête seule se trouvait en ce moment dans la lumière, mais dont tout le reste du corps était perdu dans l'ombre.

Cette tête, pâle et livide, semblait, comme aux jours des proscriptions antiques, une tête coupée, clouée à la tribune aux harangues.

Les yeux seuls paraissaient vivre, avec une expression de haine presque dédaigneuse, avec l'expression de la vipère; qui sait que sa dent contient un venin mortel ; ils suivaient, dans ses nombreuses évolutions, le bruyant et verbeux Barnave.

FIN DU TROISIÈME VOLUME.

# TABLE

## DU TROISIÈME VOLUME.

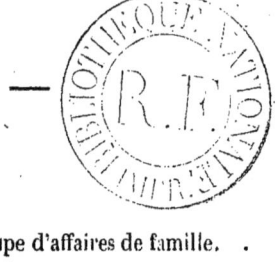

| | |
|---|---|
| Chap. I. Où le roi s'occupe d'affaires de famille. . | 1 |
| II. Où le Roi s'occupe d'affaires d'État . . | 23 |
| III. Chez la Reine. . . . . . . . . | 65 |
| IV. Horizons sombres . . . . . . . | 99 |
| V. Femme sans mari, amante sans amant. . | 119 |
| VI. Le boulanger François. . . . . . . | 155 |
| VII. Le parti qu'on peut tirer d'une tête coupée. | 185 |
| VIII. Le Châtelet . . . . . . . . . | 221 |
| IX. Encore la maison de la rue Saint-Claude. . | 249 |
| X. Le club des Jacobins.. . . . . . . | 285 |

Sceaux. Impr. de E. Dépée.

*EN VENTE :*

## OUVRAGES DE A. DE GONDRECOURT.

| | |
|---|---|
| **Aventures du Chevalier de Pampelonne** | 5 vol. |
| **La Tour de Dago** | 5 vol. |
| **Le Bout de l'oreille** | 7 vol. |
| **Le Légataire** | 2 vol. |
| **Les Péchés mignons** | 5 vol. |
| **Médine** | 2 vol. |
| **La Marquise de Candeuil** | 2 vol. |
| **Un Ami diabolique** | 3 vol. |
| **Les derniers Kerven** | 2 vol. |

## OUVRAGES DU MARQUIS DE FOUDRAS.

| | |
|---|---|
| **Le Chevalier d'Estagnol** | 6 vol. |
| **Diane et Vénus** | 4 vol. |
| **Madeleine Repentante** (*suite du Caprice*) | 4 vol. |
| **Un Capitaine de Beauvoisis** | 4 vol. |
| **Jacques de Brancion** | 5 vol. |
| **Les Gentilshommes chasseurs** | 2 vol. |
| **Le Capitaine La Curée** | 4 vol. |
| **Les Viveurs d'autrefois** | 4 vol. |
| **Les Chevaliers du Lansquenet** | 10 vol. |
| **Madame de Miremont** | 2 vol. |
| **Lord Algernon** (*suite de madame de Miremont*) | 4 vol. |
| **La comtesse Alvinzi** | 2 vol. |
| **Un Caprice de grande dame** (in-18) | 3 vol. |
| **Suzanne d'Estouville** (in-18) | 2 vol. |

## OUVRAGES DE G. DE LA LANDELLE.

| | |
|---|---|
| **Les Iles de Glace** | 4 vol. |
| **Une Haine à Bord** | 2 vol. |
| **Le Morne aux Serpents** | 2 vol. |
| **Les Princes d'Ébène** | 5 vol. |
| **Falkar le Rouge** | 5 vol. |

## EUGÈNE SUE.

| | |
|---|---|
| **Sept Péchés Capitaux** | 16 vol. |
| **Enfants de l'Amour** | 4 vol. |
| **L'Institutrice** | 4 vol. |
| **Fernand Duplessis** | 6 vol. |
| **La Marquise d'Alfi** | 2 vol. |
| **Gilbert et Gilberte** | 7 vol. |

Imprimerie de E. Dépée, à Sceaux.

www.ingramcontent.com/pod-product-compliance
Lightning Source LLC
Chambersburg PA
CBHW060416170426
43199CB00013B/2168